アイデア・イノベーション

創発を生むチーム発想術

堀 公俊＋加藤 彰 [著]

日本経済新聞出版社

まえがき

　誰も思いつかないようなユニークな商品、みんなをうならせる新しいサービス、あっと驚く痛快なネーミング、目からウロコの難局打開策…。アイデアが必要になってくる場面は、わたしたちの周りにたくさんあります。
　斬新なアイデアを生み出したい。発想力を飛躍的に高めたい。もっと創造力を発揮したい。そう願っている人は大勢います。少なくとも、この本を手に取ったあなたはそう思っていますよね。

　では、そんなとき皆さんはアイデアを１人で生み出しますか？　それとも、チームでアイデアを出しますか？
　多くの人は「１人で考える」と答えるのではないでしょうか。その証拠に、大量に出回っているアイデア発想の方法を説いた本のほとんどはこちらです。皆さんの本棚にもたくさん並んでいるのではないかと想像します。
　しかしながら、１人で考えてひねり出せるアイデアには、どうしても限界があります。自分の中の思い込みの壁を越えろとか、違う立場の人の視点に立てとか言われていますが、そう簡単なことではありません。
　チームでアイデアを出せば、個人の限界を破りやすくなります。相乗効果で予想もしなかったアイデアが飛び出てくることもあります。みんなで一緒に考えることで、難しい課題に取り組むエネルギーが湧いてきます。最終的な結論への納得感が高まるという側面も見逃せません。
　中には、「チームの中では俺が一番発想力があるのだから、みんな俺のアイデアを着実に実行してくれればいい」と言う人もいるかもしれません。残念ながら、問題の複雑化と価値観の多様化により、そういう方法がだんだん通用しなくなってきています。今や、クリエイターと呼ばれる人たちでも、チームメンバーやクライアントと協働してアイデアを生み出すことを重視しています。

では、私たちはチームでアイデアを生み出す"システマティックな方法"を持っているでしょうか？

手っ取り早いところでアイデア会議を思い浮かべてみましょう。「今日は〇〇についてアイデアを出そう」と掛け声をかけるのはよいのですが、普段のミーティングとは違う仕掛けや働きかけがありますか？

そういったものもなしに「さあ、これからブレーンストーミングをやるぞ。何でもいいから自由にアイデアを出してくれ」と怖い顔で迫られても、何を話してよいやら。真に受けて思いつきを述べても、「ウ～ム、イマイチだなあ…。もっと面白いものはないの？」と言われるのがオチ。ここはお調子者に任せて黙ってやりすごすのがいい、と誰しも思ってしまいます。

それでもなんとか頑張っていくつかアイデアを集めても、今度はどうやって絞り込めばよいのか途方に暮れます。「これがいいよ」「いや、こっちがウケるに違いない」と感覚的な議論をした挙げ句、「じゃあ、全部盛り込んだら素晴らしいアイデアになるんじゃないの」と妙案？がひらめく。

そこで無理やりまとめて提案したところ、「こんなんじゃダメだ、もっと頑張れ」と一蹴されてしまい、「ウチのトップは分かっていない」「だったら、アンタが考えろ」と愚痴のオンパレード。こんなやり方を何度繰り返しても、優れたアイデアが出ることも、陽の目を見ることもありません。

チームでアイデアを発想する最大のポイントは**グループダイナミクス**（相互作用）を最大限に発揮させることです。そのカギを握るのが、チーム活動を支援・促進する**ファシリテーター**（進行役）です。

ブレーンストーミングや親和図法といった手法の通り一遍の使い方を知っているだけではグループダイナミクスは生まれてきません。メンバーの関わり方、場のムード、感情、葛藤などをうまく舵取りできないと、チームの生産性を大きく下げてしまうこともあります（みんなで「台無し」にすることから、筆者が所属する団体では"グループダイナシクス"と呼ばれています）。

にもかかわらず、これまでに世に出ている本では個別の手法の説明ばかり。グループダイナミクスを活かしたアイデアを生み出すプロセスをどうやってつくっていくかについては、ほとんど触れられていません。しかも、どのように

リーダーシップを発揮し、どのように立ち振る舞い、どうメンバーに働きかけたらよいかといった点から書かれたものはほとんどありませんでした。

本書では、アイデアのタネが結実するまでの全プロセスを、**情報収集→発想→編集→試作→評価・選択**という流れで紹介していきます。その中でグループダイナミクスを発揮させるためのスキルとノウハウを解説していきます。

加えて、個別の手法を使いこなすための、ファシリテーターの典型的な進行・対応フレーズを豊富に盛り込み、現実の場面での対応力を高められるようにしています。創造プロセス、個別手法、進行支援、この3つの柱があってはじめて革新的なアイデア出しができるのです。

「これからは"方法"こそが重要」(松岡正剛)になってきます。断片的な手法ではなく、システマティックな方法が私たちには必要なのです。

アイデアが今後ますます重要になってくる時代にあって、チームの創造力を最大限に発揮してアイデアを出すための体系的な方法を知っておくこと。そして、現場で実践できるようになること。それはクリエイターやプランナーだけではなく、日々問題解決に頭を悩ませるすべてのビジネスパーソンにとって不可欠となります。

もちろん、すぐに習得できるとは限りません。繰り返し、繰り返し、いろんな場で実践していく中で、自分の身体の一部となるようにしていくしかないのです。そのためのガイドとして本書を活用してもらえることを期待しています。では、一緒に修練の旅に出かけましょう。

2012年10月

堀　公俊
加藤　彰

読み方ガイド

- ○ やり方
- × やる気

個人の発想力アップ ← **チームの相互作用** → クリエイティブ・ファシリテーション・サイクル
創造的な組織風土

Basic Concept

第1章
チームで
アイデアを出そう！

Evaluation

第6章
アイデアを
評価・選択する

① 創発で統合する
② 衆議を尽くして
　リーダーが判断
③ 加点法で選ぶ

 この本も参考になります
『ディシジョン・メイキング』

アイデアやコンセプト
を取捨選択する

Prototyping

第5章
アイデアを
表現する

パッケージ
ポスター　新聞　タイトル
物語　ビデオ　マップ　コラージュ
メタファ　工作　音楽　写真
紙芝居　演劇　カタログ
モックアップ

 この本も参考になります
『ワークショップ・デザイン』

Creative
チーム
促進

コンセプトを
カタチにす

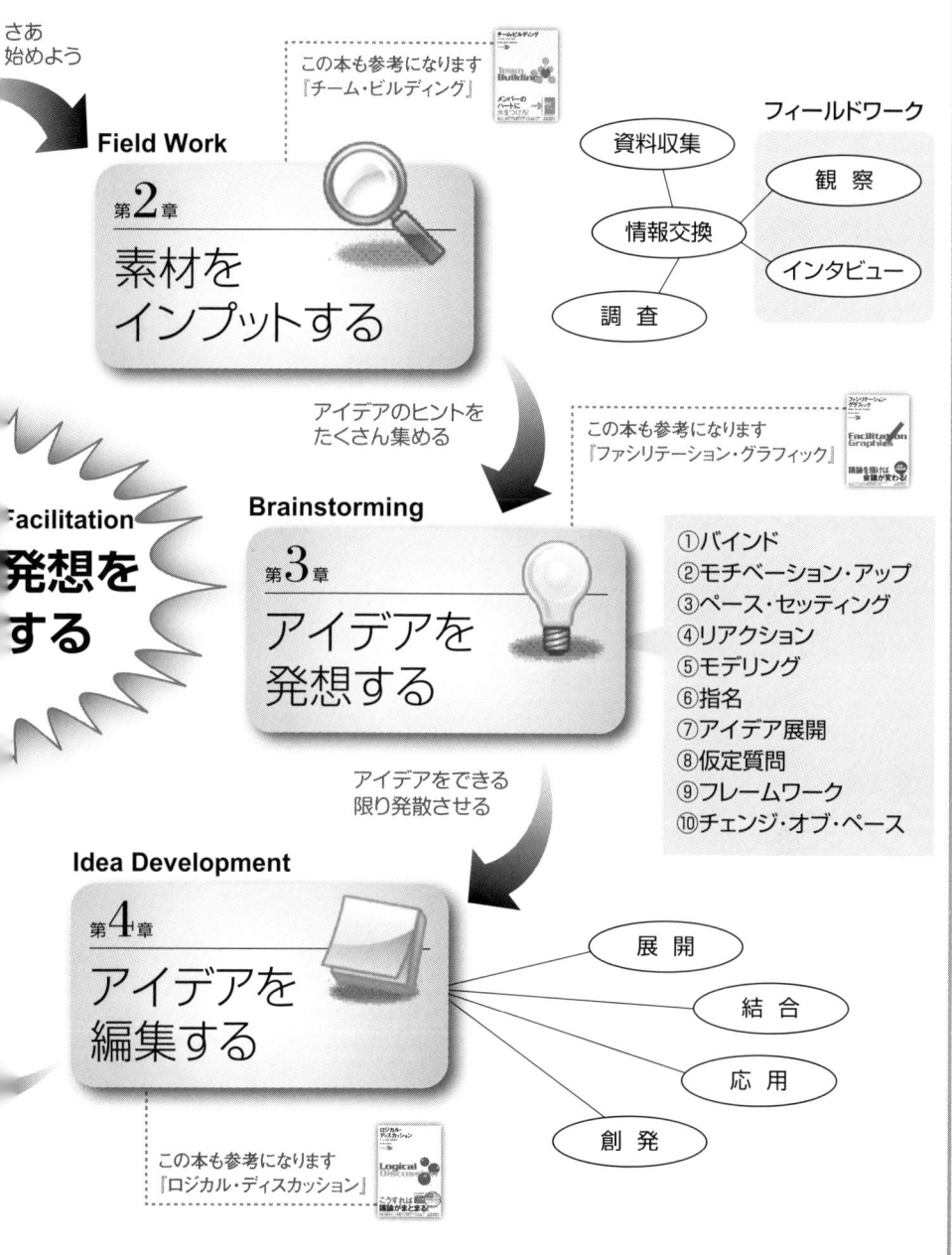

「アイデア・イノベーション」❖目次

まえがき　001

第1章
チームでアイデアを出そう!
Basic Concept

- 1　なぜアイデアが生まれないのか？　012
- 2　アイデアを創出する3つのレイヤー　016
- 3　チームでアイデアを出すプロセス　026
- 4　イノベーションを生み出そう！　034

第2章
素材をインプットする
Field Work

- 1　情報をできるだけ集める　040
- 2　フィールドワークで発見をする　046
- 3　確かな情報を引き出す質問術　054
- 4　集めた情報を意味づける　060
- 5　インプット力を高めるアクティビティ　066

第3章 アイデアを発想する
Brainstorming

1. まずはブレストを使いこなそう！ 074
2. なぜブレストが上手くいかないのか 084
3. 本物のブレストをデザインする 090
4. クリエイティブ・ファシリテーション 098
5. 効果を高めるアクティビティ 118

第4章 アイデアを編集する
Idea Development

1. アイデアを編集するとは？ 128
2. アイデアを深化させる　〜展開〜 132
3. アイデアをつなぎ合わせる　〜結合〜 138
4. アイデアをあてはめる　〜応用〜 146

5 アイデアをひらめく 〜創発〜 154
6 付箋を使ったアイデア編集法 158

第5章 アイデアを表現する
Prototyping

1 なぜプロトタイピングなのか？ 166
2 言葉で表現する 172
3 ビジュアルで表現する 176
4 ストーリーで表現する 182
5 モノで表現する 188

第6章 アイデアを評価・選択する
Evaluation

1 せっかくのアイデアが台無しに… 194
2 アイデアの賢い選び方 198
3 納得感のある合意形成に向けて 206
4 アイデア・ワークショップをやってみよう! 210

ブックガイド 216
あとがき 218
索引 221

❖装幀・本文デザイン──竹内雄二
❖DTP──リリーフ・システムズ
❖イラスト──竹下徳継

第 **1** 章

チームで
アイデアを出そう!
Basic Concept

なぜアイデアが生まれないのか？

　アイデアをめぐる私たちの現場はどうなっているでしょうか。アイデアがこんこんと湧き出す泉のような場になっていますか？
　残念ながらそうではないという方が多いのではないかと思います（「日頃からアイデアをどんどん出せているよ」という人はこの本を買わないでしょうから）。たとえば、こんな症状はありませんか？

☛天才待望症～誰かアイデアを出せる奴はいないのか！

　確かに、アイデアを出すのは個人です。アップルの創業者スティーブ・ジョブズ氏のような、目の覚めるようなアイデアを次から次へと繰り出す、いわゆるアイデアパーソンが１人いれば組織は大助かりです。
　しかしながら、よく考えてみてください。そんな人が世の中にいったいどれほどいるのでしょうか？　いたとしても、どうやって探し出せばよいのでしょうか？　そんなスゴい人が皆さんの組織に来る可能性はありますか？　その人が、いつまでも皆さんの組織にいてくれる保証はありますか？
　それに、そういう人は、スティーブ・ジョブズ氏がそうだったように、たいていは"超ワガママ"です。自分のアイデアを貫き通すのに全力を注ぐ反面、組織にとって扱いにくい存在となります。
　筆者の知り合いに「クリエイティブな奴はコリゴリだ！」と言う社長さんがいます。広告会社を立ち上げた彼は、とびっきり優秀なクリエイターをあちこちから引き抜いてきました。
　ところが、社長の言うことは聞かないは、お客さんとトラブルを起こすは、

挙げ句の果てにクリエイター同士で派閥抗争に明け暮れる始末。結局、全員辞めてもらい、クリエイティブな仕事は外部に委託し、組織の一員としてキッチリ仕事ができる社員を集め直したそうです。

アイデアを出すのを1人の"天才"に頼るのはリスクが高すぎます。それよりも、今いる"凡才"を集めて、アイデアを出す方法を考えたほうが近道ではないでしょうか。

図1-1 | アイデアが出ない会議

☛ガンバリズム依存症〜もっと必死になってアイデアを出せ！

といっても、「頑張れ！」「もっと考えろ！」「死にものぐるいでやれ！」と気合いを入れるだけではアイデアは出てきません。自由な発想を妨げるいくつかの"壁"があるからです。

よく耳にするのが「どうしても自分たちの思考の枠の中で考えてしまう」という**思考の壁**です。自分の枠を超えられず、ありきたりのアイデアしか出せないのです。

アイデアを出すなんて「自分には無理だ」と諦めてしまっている、**諦めの壁**もあります。アイデアを出すというと、「みんなが唸って卒倒するような、ピカピカのアイデアを出さねばならない」という思い込みがあり、最初から諦めてしまうのです。

しかも、職場にアイデアパーソンがいたりすると、その人のアイデアと自分のものを比べてしまって尻込みしたり、言うのが恥ずかしくなったりします。**抑制の壁**です。

そうなってくると**怠惰の壁**が現れます。「アイデアを出す人に任せておけばいいや」と、真面目に考えなくなってしまうのです。極端な場合、偉い人やリーダーがアイデアを出すことが習わしになってしまい、他の人は端っからアイデアを出す気なし、という状況もあります。

こういう壁は、いくらハッパをかけても解消できるものではありません。号令をかけるのではなく、自然と思考の枠を超えられるような方法、小さなアイデアを大切に拾って育てていくプロセス——そういうものが求められます。

☛土壌の硬化症〜そんなんじゃダメだ！

「アイデアはたくさん出るんだけど、成果につながらない」といった組織もよくあります。アイデアを出しても潰れてしまうという状況です。

よくあるのが、部下がアイデアを出すたびに「なるほど。しかしな、その案には…という難点がある。それを解決しないとダメだ」と返す上司。この人には悪意はなく、むしろ部下を鼓舞するつもりなのかもしれません。

しかしながら、こういうやり取りが日常化していると、部下はだんだん口を

開かなくなっていきます。いずれ「そもそもアイデアを出すような雰囲気がない」という職場ができあがります。

　それに輪をかけるのが、最近のロジカル・シンキング・ブームです。アイデアなんて、ロジカルに考えればいくらでも難癖がつけられます。空理空論で石橋を叩いてばかりでは、どんなアイデアも壊れてしまいます。

　実際のところアイデアなんて、やってみないと分かりません。ごちゃごちゃ言っていないで、いったんカタチにしてみたら、案外面白いアイデアに発展するかもしれません。せっかくのアイデアが育てられずに消えていくというのは、あまりにもったいない話です。

　アイデアとは畑に蒔かれたタネです。フカフカの土壌と水や栄養やお日様の光があれば立派に育っていきます。逆にカチカチの土で水も与えずに放置していたのでは、育つものも育ちません。芽が出たばかりなのに「これはダメだ」と摘んでしまったのでは、育つタネがなくなってしまいます。

　アイデアが出ないと嘆く前に、組織風土に問題がないかを考えてみてはいかがでしょうか。

図1-2 アイデアが出ない3つの症状

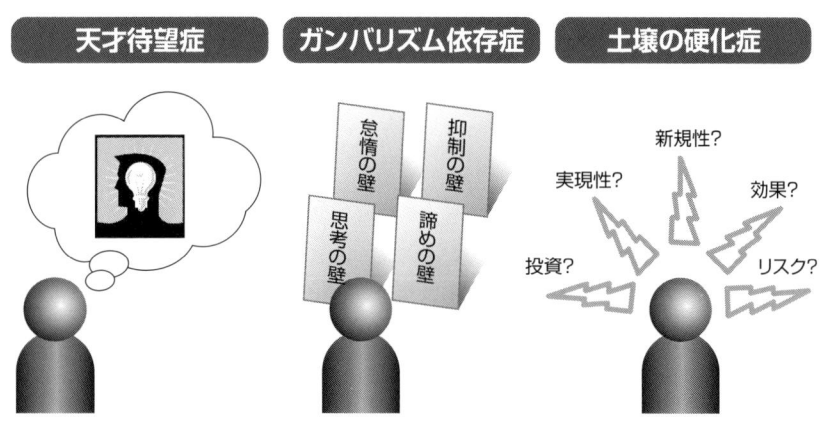

アイデアを創出する 3つのレイヤー

☛ **3つの視点で創造力を高める**

これらの症状から抜け出し、アイデアがあふれ出すようにするには、どうしたらよいでしょうか。

先ほどから見てきたように、アイデアが出てこない背景にはいろんな要因があり、それらが複雑に絡み合っています。単にアイデア会議の進め方だけを改善したのでは、少しぐらいは意見が言いやすくなっても、アイデアがガンガン出てくるようにはなりません。「これさえやれば大丈夫」という万能薬はないと思ったほうがよいでしょう。

面倒かもしれませんが、いろんな側面から手を打っていくことが重要です。草花にたとえれば、タネの力を高めること、水や肥料をしっかりと与えること、豊かな土壌をつくりだすこと。この3つがそろわないとうまくいきません。組織の話に戻すと、こうなります。

① "個人"の発想力を高める（タネ）
② "チーム"でアイデアを育てる（水や肥料）
③ 創造的な"組織"風土をつくり出す（土壌）

☛ **まずは"個人"の発想力を高めよう**

アイデアは「しっかり考える個人に宿り」ます。

もちろんチームで対話をしているうちに、その対話の中から思いがけず素晴

らしいアイデアが立ち上がることはあります。しかし、その場合でも、みんなとの言葉のやりとりを通じて、いろいろ考えている個人が存在しています。

対話に参加している誰かの頭の中に「あれ、こういうことかな？」というひらめきが起こり、それが言葉にされて初めて、アイデアが形になります。つまり、同じ対話をしていても、そこで深く考える人とそうでない人とでは、アイデアが宿る確率が大きく異なってきます。

結局、アイデアが生み出せるかどうかは、まずは個人の思考力、言い換えれば、発想力や創造性、あるいはセンスによるところが大きいのです。これは認めないわけにはいきません。

個人の能力は時間をかけて伸ばしていくしかなく、発想力を高める訓練を積み重ね、日頃から鍛えておく必要があるでしょう。それが間に合わなければ、発想力が豊かな人を外から引っ張ってくることも、ときには必要です。

図1-3｜アイデアを生み出す3つの要素

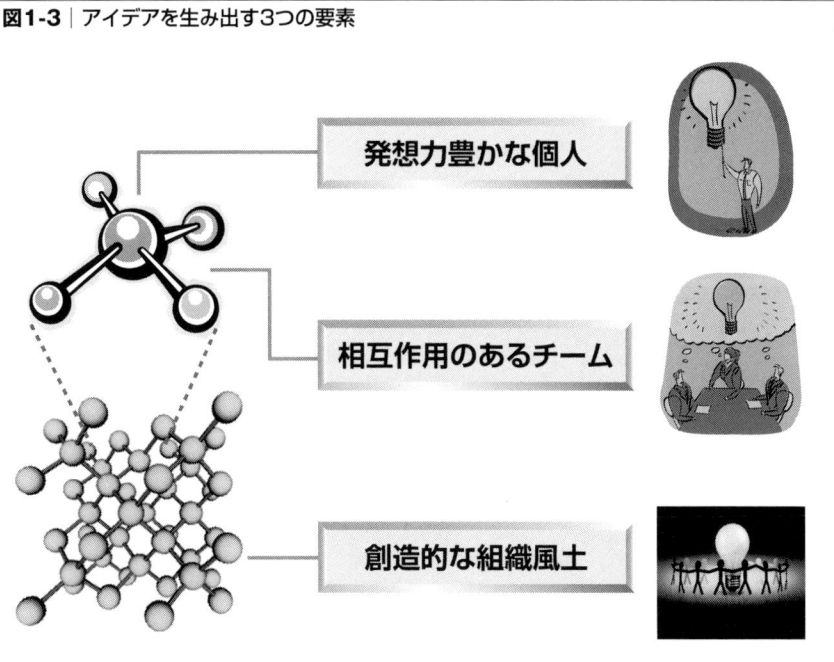

加えて、材料集め、つまり、1人ひとりが、考えるための素材を持っているかどうかも大切です。たとえば、新しいビジネスを起こそうとするなら、世の中の動きや最新の技術動向、関係者の力関係、場合によっては事業の歴史などを頭にインプットしておかないと、効果的なアイデアが生まれてきません。
　それに、私たちは日頃から考える時間を本当に取っているでしょうか。「アイデアが出せないんです」と発想力の乏しさを嘆いていながら、「じゃあ、どれだけ考えたの?」と訊くと、「会社の机で5分間考えてみた」と。これは発想力の問題ではなく、考えようとする気があるかどうかの問題です。

☞ "チーム"でアイデアを育てる

　個人がアイデア創出の原点ですが、私たちはいつも1人で考えているわけではありません。カリスマ的なクリエイターならともかく、自分1人でアイデアを考えて、それを実現するために周りに指示する、という形をとることはなかなかできません。そんな人ですら、ヒントを得るためには他の人と一緒に考える場を持つものです。
　ここで大事になってくるのは、みんなでアイデアを考えるときに、"チームとして"どれだけ高い創造力を発揮できるかです。
　誰かがアイデアを出しても、他の人は黙っているだけ。しばらくすると他の人がまったく関係のないアイデアをポツリとしゃべる。これでは創造力が発揮できるチームとはいい難いです。
　せっかくアイデアを出しても、「それは…という点で難しいなあ」「それって、前にもやってダメだったよね」「おまえ、何バカなこと言ってんの?」と批判や評論が出てきて潰されてしまう。これもアウトです。
　そうではなく、誰かがアイデアを出したら、「だったら、さらにこんなふうにしたらいいんじゃないか!?」「おお! それならこんなことを思いついた!」「他に、こういう観点からも考えられるんじゃないのかな…」とアイデアの連鎖反応が起こっていく。そんなふうに、1人ひとりの発想力が連結され、アイデアが広がったり深まったりしていくチームをつくらなければなりません。
　誰かのアイデアに対して、他の人が前向きに反応して、アイデアにアイデアが積み重なり、アイデア同士が絡み合って融合していく。そういう**相互作用**の

あるチームとないチームでは、アイデアの量や質に雲泥の差が出てくるのです。

☞ "仕掛け"に落とし込まないと意味がない

　強い相互作用が起きるためには、メンバー同士の**信頼感**が土台となります。信頼感があればこそ、「こんなくだらないアイデアを出したら恥ずかしい」という、お互いの羞恥心を取り払うことができるからです。

　ところが、いくら発想が豊かな人が集まり、相互に信頼し合っていても、「なんか乗り気になれないな」ということがあります。"身を乗り出す"状態をつくるには、1人ひとりが「このチームで成果を出そう」という**貢献意欲**を持っていることが重要です。

　こんな話をすると、「チームの絆を固くする」「個人のモチベーションを高める」といった一般論や精神論に陥りがちです。そうではなく、これをしっかり

図1-4 | 相互作用のあるチームとないチーム

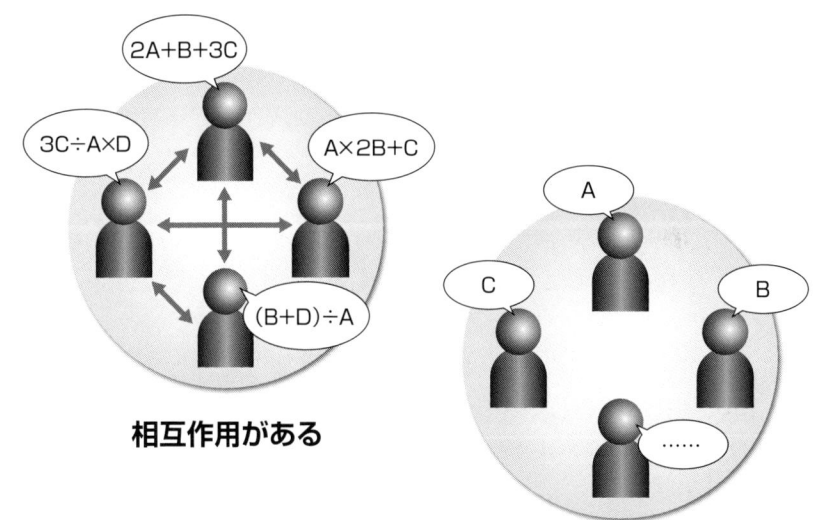

相互作用がある

相互作用がない

第1章　チームでアイデアを出そう！　019

とした方法論に落とし込むことが何より重要です。

　早い話が、どんなミーティングルームでアイデア出しをするかによっても、チームの振る舞いが変わってきます。何人でチームを編成するかも、チームの雰囲気に大きな影響を与えます。チームの相互作用を高める"仕掛け"をたくさん用意しておくことです。

☛創造的な"組織"風土をつくり出す

　個人やチームの発想力を活かすには、創造力の発揮を歓迎や奨励し、サポートするような組織になっていなければなりません。要は、会社や団体そのものがクリエイティブであるかどうかということです。ミッションやビジョンに理想の組織像を明記するのは当然として、やはり仕掛けを用意しておくことが大切です。

　これにはいくつかの観点があります。本書ではあまりここに重きを置きませんが、簡単に紹介しておきましょう。

1)ルール・規律

　有名なものに世界的な化学メーカー3M社の**15%ルール**があります。執務時間の15%を自分の好きな研究に使ってもよいとするものです。

　これは明文化されていない不文律だそうで、組織のカルチャーといってもよいでしょう。このルールがあるので、研究者は、日常のルーチンワーク以外に、創造的な仕事をする時間を確保することができます。

　ただ、このルールが機能するためには、「成果を出せなければ研究者として失格である」という厳しい規律が、組織内に根づいていなければなりません。そうでないと、のんきに自分の好きな研究をする人を増やすだけになってしまいます。

　ちなみに、工夫をこらしたネーミングで有名な某製薬企業でも「毎朝〇〇個アイデアを考えよ」という日課があるそうです。これもルールの好例です。

2)制度・仕組み

　アイデアを出した人が、アイデアの質・量に応じて報われる制度になっていないと、「アイデアを歓迎する」といってもウソになります。人事評価制度に組み込んだり、ジョブ・ローテーションに織り込んだり…。しかも、それで報

われた人が目の前にいないと、組織の姿勢が信じられません。

　とはいえ、単純にアイデアの量を報奨金にリンクさせてしまうと、駄作の数を増やすだけになります。だからといって、アイデアの質を最終的な売上や利益で評価するのも感心しません。

　実際に、あるゲーム会社でこんなことがありました。プログラマのアイデア貢献度を担当ゲームの売上で評価するようにしたところ、出来は良いがまだ売上が小さいゲームの担当者がすっかりやる気をなくしてしまいました。新しいゲームが出てこなくなってしまったというのです。

　短絡的に報酬に反映させるより、「日頃から良いアイデアをたくさん出している人を、ちゃんと会社は見ているな」と実感させるような人事評価をしていくことです。すぐには正解が見つからない、なかなか難しい観点ではありますが…。

図1-5 | 創造的な組織風土をつくるポイント

3) 組織構造

相互作用を起こりやすくするには、メンバー同士のやり取りが自然と発生するような組織をつくる必要があります。端的にいってしまえば、アイデアに関わる人たちを同じ組織に固めてしまうという方法です。

たとえば、「顧客のニーズを製品開発に迅速に反映させたい」となったとしましょう。そのときに、これまでは分かれていた、営業部、開発部、コールセンターなどを１つの製品別組織に統合してしまうのです。

組織変更までは大げさなら、**タスクフォース**や**緊急プロジェクト**（緊プロ）をつくるという手があります。営業、開発、製造といった機能部門からメンバーを選定して、部門横断型の一時的な組織を組成する方法です。

スカンクワークスというやり方もあります。革新的な製品・技術などを開発するために、既存の研究組織とは別に設置される（往々にして秘密の）独立型研究開発チームのことです。独立組織にすれば、既存組織のしがらみに囚われずゼロベースで解決策を考えることができます。少数精鋭チームにすることで、決断も速く、メンバー個々人の力を最大限に発揮できる環境が得られます。

定常組織においても、それまで30～40人いた部門を、5～7人の少人数のチームに分割し、機動力を上げ、成果が出やすくするといった方法も見られます。要は、相互作用を発揮してもらいたい人たちがチーム作業をしやすいように組織をつくるということです。

4) 空間（場）

「メディチ効果」という言葉があります。15世紀、イタリアの大富豪メディチ家は多彩な学者や芸術家が集まるサロンとなっていました。異なる文化の交流の中から画期的なアイデアが生まれ、ルネッサンスが開花したといわれています。

この効果を狙い、座席をフリーアドレスにする、通路にホワイトボードを置く、社食や喫煙所を交流スペースとしてデザインする、といった取り組みが進んでいます。自発的な**他花受粉**を促そうというのです。

最近ずいぶん減ってしまいましたが、喫煙所は、違う部門の人が集まり、会議では話さないようなホンネや裏情報を交換する貴重な場でもありました。そこから生まれてきたアイデアも少なくなく、相互交流の場を意図的につくって

やることも大事です。

一方、自由な雰囲気を演出するために、オフィスや居室を"遊び心"あるものにするのも1つの方法です。典型的なのが、クリエイティブな会社として有名なIDEO社。天井から自転車やサーフボードがつり下がっており、とても会社とは思えません。まさに、アイデアを生み出す"温室"として、思い思いに居室をデザインしているのです。

5)コミュニケーション

皆さんの職場では「こんなのどう?」「これって面白くない?」「ねえねえ、これ見てよ」といった雑談がどれくらいあるでしょうか。これこそが、クリエイティブな組織風土の下地になります。

そのために、リーダーが率先しておしゃべりをする、アイデアコンテストをする、共通の楽しい経験を持つ、社内にバーチャルなコミュニティをつくるなど、数え切れないほどの方法が試されています。どちらかといえば、今の世知辛い職場の状況に逆行するものばかりかもしれませんが、勇気をふるってやってみてはいかがでしょうか。

図1-6 クリエイティブな場づくり

提供　コクヨファニチャー株式会社

☛平凡なチームですごいアイデアを出す!

　本書では、ファシリテーション・スキルズ・シリーズの１冊であることから、個人と組織の視点を織り込みつつも、チームに焦点を当てたいと思います。
　それも、「このチームで、何かぶっとんだアウトプットを出したいんだけど、何から手をつけたらいいかな…」と考えている人たちに、チームの創造力を高める方法をお伝えしたいと思います。
　想定しているのは"普通の"チームです。誰か、頭抜けたセンスや発想を持った人がメンバーにいるわけでなく、メンバー編成を自由に変えられるわけでもなく、今いる人材でやりくりするしかない…。そんな出来合いの平凡なチームです。
　だからといって、「みんなが意見を出しやすくなった」「みんなで意見を出し合えて楽しかった」「活気のある会議になってきた」といったレベルで満足するのでは意味がありません。
　目標は大きく掲げたいと思います。「普通の人たちからすごいアイデアが出てきた！」というレベルを目指したいのです。
　飛び抜けたセンスや発想力を持っていない普通の人からなるチームが、"ぶっとんだ"アイデアをアウトプットするために、アイデア会議やワークショップのファシリテーター（進行役）としてどのような工夫をしたらよいか。それが本書の狙いです。そのためにすぐできることを余すことなく紹介していきます。よいと分かっているのだから、是非やってみてください。
　それをトコトンやった上で、やはり個人としての発想力が欠けていると思ったら、それを鍛える方法を説いた本がゴマンと出ていますので、そちらを当たってください。同様に、組織に問題があると思った方は、経営指南書や事例紹介の本を手に取ることをお勧めします（38ページのColumn-3参照）。
　そうやって、個人、チーム、組織の３つの側面から創造力をレベルアップして、目の覚めるようなアイデアを生み出していきましょう。

図1-7 アイデアがあふれ出る場

> **Column-1 ● バスタブで発想する**
>
> 　Googleはアイデア勝負の企業というイメージがあります。ミーティングの内容そのものは知りようがありませんが、びっくりするような作業空間の例が紹介されています。
> 　水槽を眺めながら、スポンジの入ったバスタブに身を沈め、黙考できる空間。日本のかまくらを彷彿とさせるような小部屋。観覧車のゴンドラのような小部屋。かと思えば、大邸宅のリビングのような部屋もあります。密に接近した状態と、広々とゆったりした状態の使い分けが印象的です。
> 　（出所：http://gigazine.net/news/20080319_zurich_office_photos/）

チームでアイデアを出すプロセス

☛アイデアとは何か?

　チームでアイデアを出す方法を考えるにあたって、出発点となるのがアイデアを生み出す原理です。

　その基本となるのが、70年も前に、広告代理店に勤めていたジェームス・W・ヤングが提唱したアイデアの定義です。「アイデアとは既存の要素の新しい組み合わせ以外の何ものでもない」(『アイデアのつくり方』阪急コミュニケーションズ) というものです。アイデアの本質を見事に表現しています。

　アイデアを出すというと、私たちはどうしても世の中にないまったく新しいものを生み出そうとしてしまいます。既存の情報や考えから"完全に離れた"真っ白な状態から、ゼロベースでアイデアをつくらなければいけないと考えてしまうのです。

　それに対してヤングは、1つひとつは既に世の中にあって珍しいものではない。それらの意外な結びつきを発見すること。それがアイデアを発想するという作業だ、と説きました。

　アイデアを生み出す原理については、いろんな人が研究に取り組んできましたが、この定義を否定しているものはほとんど見当たりません。アイデアを考える上でのもっとも重要な原点といっても過言ではなく、まずはこれをしっかりと頭に入れておきましょう。

☛アイデアを生み出す3つの原理

この定義に基づけば、アイデアを生み出す3つの原理が導けます。

〈原理1〉インプット→アウトプット

アイデアが既存の要素の新しい組み合わせだとするならば、既存の要素を「これでもか」と集め、インプットすることが欠かせません。それが多ければ多いほど、新しい組み合わせが生まれやすくなるからです。

具体的には、関連する資料や情報を集めたり、現場に直接出向いて観察やインタビューをしたり…。特に、情報があふれかえっている昨今では、今まで気がつかなかった既存の要素を発見することが大切です。それが、アイデアを生み出す大きなヒントとなります。

インプットが十分できたら、それをいろいろな角度から考え直したり、さまざまな要素とくっつけたり、組み合わせの努力をあれこれと試みます。そうやってアイデアをアウトプットすることになります。インプットがあってこそアウトプットができるのです。

図1-8 | アイデアを生み出す3つの原理

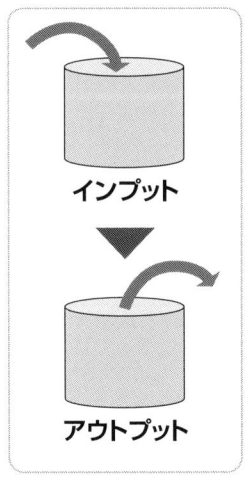
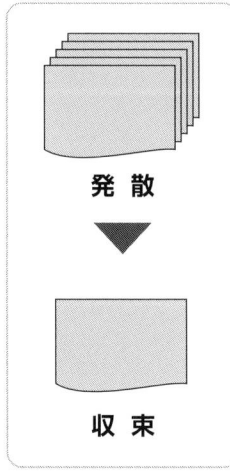

〈原理２〉発散→収束

　ヤングの定義によれば、アイデアでは組み合わせを考えることが重要となってきます。一見、役に立たないような要素でも、組み合わせによっては素晴らしいアイデアの材料となるかもしれません。

　極端にいえば、すべての組み合わせを試してみないと、その要素が役に立つものかどうか分からないわけです。早計に、「これは要らない」「使えない」と判断してしまったら、せっかくのアイデアの芽を摘むことになります。

　したがって、アイデアを出すときは、評価や選択を棚上げにして、ありとあらゆる可能性のあるアイデアを徹底的に出し切ることが重要となります。これを**発散**と呼びます。

　その上で、効果性や実現性など、いろんな観点でアイデアを評価したり、取捨選択をして、絞り込みをかけていくことになります。これを**収束**と呼びます。

　発散と収束のメリハリをつけることが、良いアイデアを生み出す１つの原理となるわけです。実際には両者の間には**混沌**のステップがあり、その苦しみの中からひらめきの瞬間が訪れることも少なくありません。

〈原理３〉仮説→検証

　アイデアは「新しい組み合わせ」ですから、新しくないものはアイデアではありません。そういう意味では、新しさというフィルターを通ったものだけが、最終的にアイデアとして残ることになります。

　正確にいえば、最初の発想段階では、すべてはアイデアの卵（候補）に過ぎません。「こうすればうまくいくんじゃないか」「こんなのがあれば面白いんじゃないか」といった**仮説**に他ならないのです。

　それが本当に新しくて魅力的なアイデアかどうかは、当事者や市場に**検証**してもらって初めて分かります。「仮説→検証」のサイクルを回すことで、本当のアイデアになるわけです。

　しかも、それは早く回したほうが得です。何度も回すうちにアイデアがブラッシュアップされて、学習するスピードも上がっていきます。「仮説→検証」は、アイデアを洗練させるための優れた方法なのです。

☛チームでアイデアを育てる5つのステージ

これらの原理に基づき、本書では5つのステージでアイデアを出すことを考えていきます。これを**クリエイティブ・ファシリテーション・サイクル**と呼ぶことにします。

1）素材をインプットする（Field Work）

まずはアイデアを出すのに必要な素材を大量にインプットします。既存資料の収集や読み込み、組織内にある意外に自分たちが知らない事実の発掘、インタビューなどを通じた生の声の把握などです。加えて、アイデアを出す対象の観察や体験が、素材としてますます重要になってきています。

チームで発想するときは、どうしてもこのステップがおざなりになって、さっさと次の発想のステージに行ってしまいたくなります。それがよくないのは既に述べた通り。インプットにしっかりと時間をかけましょう。

図1-9 │ クリエイティブ・ファシリテーション・サイクル

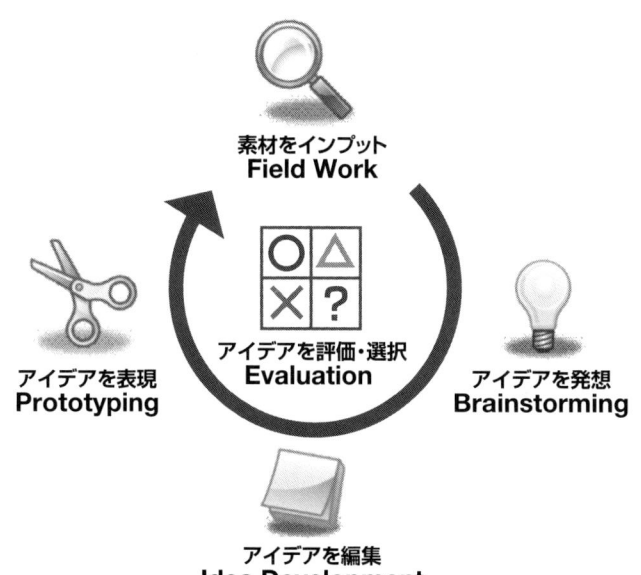

2)アイデアを発想する(Brainstorming)

インプットが十分にできたら、いよいよみんなでアイデアを出し合っていきます。いわゆるブレーンストーミングです。

ブレーンストーミングはもっともポピュラーで効果の高い発想法です。ところが、うまく使いこなせていないチームが多く見受けられます。どんな手法もそうですが、それを使いこなすノウハウが蓄積されていないからです。

それに、ブレーンストーミングはファシリテーターの力量によってアウトプットが大きく違ってきます。ファシリテーターの基本技の１つとして、ブレーンストーミングを舵取りするスキルを磨くようにしましょう。

3)アイデアを編集する(Idea Development)

ブレーンストーミングで出てきたアイデアは、単なる思いつきも多く、ワイルドで身勝手なものばかりです。それらを取捨選択しながらブラッシュアップして統合させていき、コンセプトをつくりあげます。これがアイデア編集のステージです。

そのために、①展開、②結合、③応用、④創発の４つの方法を使います。ファシリテーターはこの４つを組み合わせながら、アイデアを洗練させていきます。まさに、混沌の中からひらめきを生み出す、もっともワクワクするステージです。

4)アイデアを表現する(Prototyping)

アイデアがある程度かたまったら、絵、モデル、物語などを使って"カタチ"にしていきましょう。これがプロトタイピング（試作）です。

これはアイデアの良し悪しを検証すると同時に、カタチにする作業を通じて、アイデアについて深く考えるのが目的です。どうせ失敗するなら、早く失敗したほうが学習のスピードが上がります。したがって、①早くつくる、②経験を表す、③五感に訴える、ことが大切となります。

チーム・ビルディングにもなる大変楽しいステージである一方で、葛藤が起きやすくファシリテーターの舵取りの腕前が問われます。

5)アイデアを評価・選択する(Evaluation)

アイデアがたくさん集まったのに、それをうまく評価・選択できないと、せっかくのアイデアが台無しになってしまいます。やり方を間違えると、適切で

ないアイデアを選んでしまったり、元のアイデアが持っていた良さを損ねてしまいます。

　それを防ぐには、①創発による統合、②衆議を尽くしてリーダーが判断、③加点法による選択、の３つの方法が望ましいです。いずれの方法をとるにせよ、決め方について合意しておくことが、納得感のある評価につながります。

　一般的なアイデア出しでは、１〜４のステージを、ほぼこの順番で進めていきます。その間に５（評価）のステージを適宜はさみ込んで、発散と収束を繰り返していきます。１→２→５→３→５→４→５といったように。

　とはいえ、かならず１〜４の順番で回す必要もありません。フィールドワークの中で発想がひらめき、いきなりプロトタイプをつくってしまうこともあります。３（編集）のステージでさらに詰めたい要素を、２（発想）のステージのブレーンストーミングで揉むこともあります。この順番にあまりとらわれず、臨機応変にステージを組み合わせると考えてください。

図1-10 | 基本的なアイデア創造の流れ

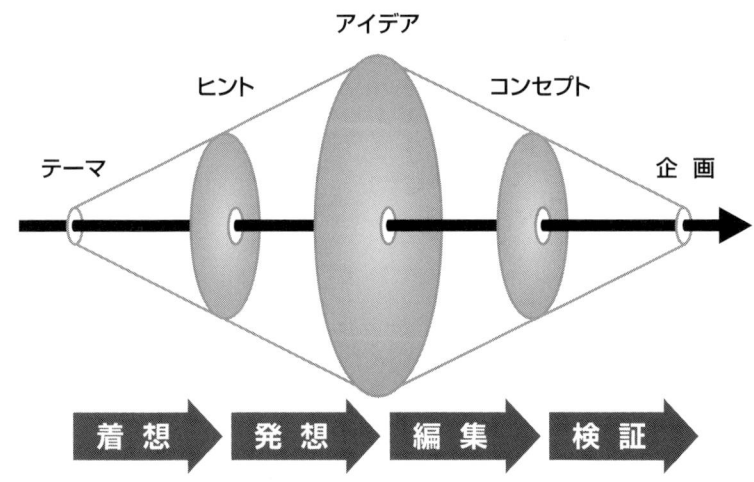

☛ファシリテーターは何をすればよいのか？

　ファシリテーターの役目は、チームでアイデアを出す全プロセス（1～5）を舵取りすることです。それぞれのステージで紹介するスキルやツールを適切に運用するとともに、相互作用を促進していきます。ときには、メンバーの不適切な行動に介入していくことも必要となります。

　こういうと、「チーム（プロセス）管理はリーダー（マネジャー）の仕事ではないか？」と思われる方がいらっしゃるかもしれません。確かにそうですが、リーダーとは別にファシリテーターを置いたほうがうまくいく、というのが筆者の経験です。

　なぜならば、チームの成果の責任者たるリーダーは、最終的にアイデアを評価する立場にあることが多いからです。メンバーは、どうしてもリーダーの顔色を窺うようになり、リーダーの考えとは異なるアイデアが出しにくくなります。

　ですので、アイデアづくりに関わるときは、ファシリテーターに進行を任せ、最終的なアイデアの評価だけをリーダーにお願いするのが賢明な方法です。どうしてもリーダーがファシリテーターを兼ねないといけない場合も同様です。なるべくチームに影響を与えないよう、最終的なジャッジまでは無闇に自分のアイデアや見解を表に出さないようにするのがコツです。

☛右脳と左脳の両方を駆使する

　アイデア会議のファシリテーターとして気をつけなければいけない点がいくつかあります。

　まず大前提として、一般的な会議とアイデア会議では、ファシリテーターに求められるスキルが違うことを頭に入れておかなければいけません。前者は、どちらかといえばロジカルに議論を整理していく技が、後者では参加者のノリや相乗効果をつくっていく技が求められます。前者が見事にさばけても、後者ができるとは限りません。

　さらに、ファシリテーター自身が、遊び心や好奇心を持って、アイデア会議を楽しむ姿勢が欠かせません。ファシリテーターが深刻で真面目な顔をして立

っていたのでは、場が盛り上がるはずがありません。率先して、馬鹿げたアイデアを出すくらいがちょうどよいのです。

そうやってみんなをペースに乗せることができたら、場の流れを読みながらペースやムードの調整をしていきます。スピードがスローならアクセルを踏み、やや暴走気味ならブレーキを踏みます。

それと、アイデア会議では、普段の会議とは違い、「こいつはいける！」といった直観や「グッと来るねえ」といった感性も扱います。普段の会議では劣勢に立たされている右脳派（感性派）の声が大きくなり、左脳派（論理派）との軋轢（あつれき）が生まれがちになります。

そうすると、「そのアイデアの優れている理由を３つ挙げてみろ（左脳派）」「それはハートにピ〜ンと来たからさ（右脳派）」「それでは根拠にならないだろ！（左脳派）」といった、かみ合わない議論が展開されます。

ファシリテーターとしては、左脳も右脳も使えるようになっておいて、「理由の妥当性よりも魅力の大きさで考えたらどうなりますか？」「ピンと来たというのは、○○ということを表しているのですよね？」と両者の翻訳係を務めなければいけません。これもアイデア会議ならではの役目です。

Column-2 ● 中学生の気分で会議

通信教育大手のベネッセコーポレーション。その代表的な商品である「進研ゼミ中学講座」の担当部門には、中学生の部屋や教室を再現した会議室があるそうです。中学時代に戻った気分になり、顧客視点でのアイデアを練るための工夫です。

一方、東急ハンズでは、わざわざ古くて汚いマンションを用意しているそうです。販売している商品を自由に試すのが狙いで、顧客の立場に立ち、客観的に商品を評価することができます。

皆さんの会社でもこんな工夫をしてみてはいかがでしょうか。

（出所：『日経ビジネス』2011年8月1日号）

4 イノベーションを生み出そう!

☛アイデアの時代がやってきた!

いま私たちは「アイデアの時代」に生きています。

歴史をザックリと見れば、科学技術の発展がそうであるように、今までは「既にあるモノを発見する時代」でした。そこで得られた知見をどう活かしていくかが、私たちの課題でした。

それに対してこれからは「新しいモノを創り出す時代」です。今までの常識を覆し、新たなチャンスを創る。そういう時代を私たちは生きています。

そのため、創造する力を発揮させるプロセスをみんなが学ぶ必要があります。そうしないと、環境問題、エネルギー問題、格差問題など、さまざまな困難な問題を解決できません。みんなが協働して明日に向けてアイデアを出し合っていかないと、現在の行き詰まりを打開できないのです。

それは一見すると苦しいプロセスかもしれません。しかしながら、眉間にシワを寄せてウンウン唸っていても道は拓けてきません。スポーツの世界が既にそうであるように、結果もさることながら、プロセスを楽しむことが重要です。それなくして、創造的なアイデアは生まれてこないでしょう。

それに、一昔前では考えられないのですが、インターネットを使えば、世界中の誰とでもアイデアをつなげることができます。遠く離れた人と、ゲーム感覚で協働したり競争したりすることも可能です。以前に比べて、**コラボレーション**がはるかにしやすくなってきました。東日本大震災におけるネットを活用したいろんな取り組みがそれを表しています。アイデアを生み出すためのつながりが豊富になってきたのです。

☛「イノベーション」が求められている

　一時期のMBAブームは勢いを失い、リーマンショック以降、かなり影を潜めてきたように感じます。もちろん、それが不要になったのではなく、経営学の知識だけでは何も生み出せないことが、ようやく分かってきたからではないでしょうか。

　その代わりに、スポットライトを浴びているのが**イノベーション**です。新しい価値を創出し、社会に大きな変化をもたらすような動きを起こすことが、いろんな分野で注目されています。

　イノベーションは、もともとは経済学者のシュンペーターが著書『経済発展の理論』の中で提示した概念です。単に新しい技術を発明することではなく、モノ、仕組みなどに対して、まったく新しい技術や考え方を取り入れて新たな価値を生み出し、社会的に大きな変化を起こすことを指します。日本でいえば、経営学者の野中郁次郎氏がその重要性や必要性を一貫して提唱してこられました。

　今、多くの人がイノベーションを渇望しています。

図1-11 デザイン思考

デザイン思考

▶顧客と主客一体となった「場」で、直観を活かして相互作用的に個別具体の諸要素の関係性を創出し、それらの要素を時間・空間のなかにダイナミックに組織化(形態化)していくプロセス

(紺野 登『ビジネスのためのデザイン思考』東洋経済新報社)

▶自分が普通に暮らしている日常世界を他者の目で眺めるところから始めて、何か新しいアイデアを思いついたら、それを表現する構成を考えて、さらに最終的なスタイルを決定する

(奥出直人『デザイン思考の道具箱』早川書房)

知識創造、経営革新、イノベーションを起こす手法として注目されています

たとえば、不世出のイノベーターといわれたスティーブ・ジョブズ氏が亡くなったときには、自伝が飛ぶように売れ、「iPhoneやiPadをなぜ日本企業は生み出せなかったのか」という議論がそこらじゅうでなされました。

筆者にも「イノベーションを起こす方法についてレクチャーしてくれないか」とお鉢が回ってきたくらいです。ビジネススクールでもイノベーションと名のつくクラスに、熱い思いを持った若者が集まっています。そこかしこでイノベーション研究センターやフューチャーセンターと呼ばれる組織もできています。

昨今の**デザイン思考**ブームもその１つです。

デザイン思考とは、人々が持つ思いをカタチにする一連のプロセスを体系化したものです。知識創造、経営革新、イノベーションを起こす手法として脚光を浴びています。書店に行ってもMBAと名のついた本は減り、デザイン思考の本が目につくようになり、時代の移り変わりを感じます。

☛「やる気」ではなく「やり方」を変える

人が集まったからといって、すぐにイノベーションが起こせるわけではありません。また、いかに大きなイノベーションであっても、出発点は、私たちの頭にふと浮かんだ小さなアイデアです。

私たちに必要なのは、みんなでアイデアを出すための"具体的な方法論"です。それを身につけなければ、アイデアの火を灯すことも、大きく育てることもできません。

やる気だけではイノベーションは起こせません。

たとえば、いつもイノベーションについて熱く語り、多彩なイノベーターたちと積極的に交流していながら、職場に戻れば能書きを垂れるだけ。アイデア会議に出てもしかめっ面で「そんなスケールの小さい案ではイノベーションにつながらない！」と批判ばかり。残念ながら、そういう方が大勢います。

やる気も大切ですが、やり方を知らなければ、空回りしてしまいます。アイデアを出すための方法論もぜひ習得して、言行一致を目指しましょう。

☛ロジカルとクリエイティブの融合を目指して

イノベーションを起こすには、ロジカル思考とクリエイティブ思考の両方が

求められます。

ロジカル・シンキングは多様化する社会の中で複雑な問題を解くための、一種のOSです。ビジネスパーソンにとって欠かせないものですが、それだけでは単なる「面倒な人」になってしまいます。

かたや、クリエイティブ・シンキングは、常識にとらわれない斬新なアイデアを生み出すための思考法です。こちらも、これだけでは組織の中では「不思議ちゃん」になってしまいかねません。

ロジカルでは解けない問題をクリエイティブで解消する。クリエイティブなアイデアの実現性をロジカルに検証する。その、矛盾、葛藤、違和感の中からイノベーションが生まれます。

ちなみに、筆者の経験では、本当にロジカルな人は、実はクリエイティブです。でないと柔軟な頭で問題を捉えることができません。また、本当にクリエイティブな人は、実はロジカルです。その場ではうまく説明できなくても、優れたアイデアは必ず筋が通っているからです。

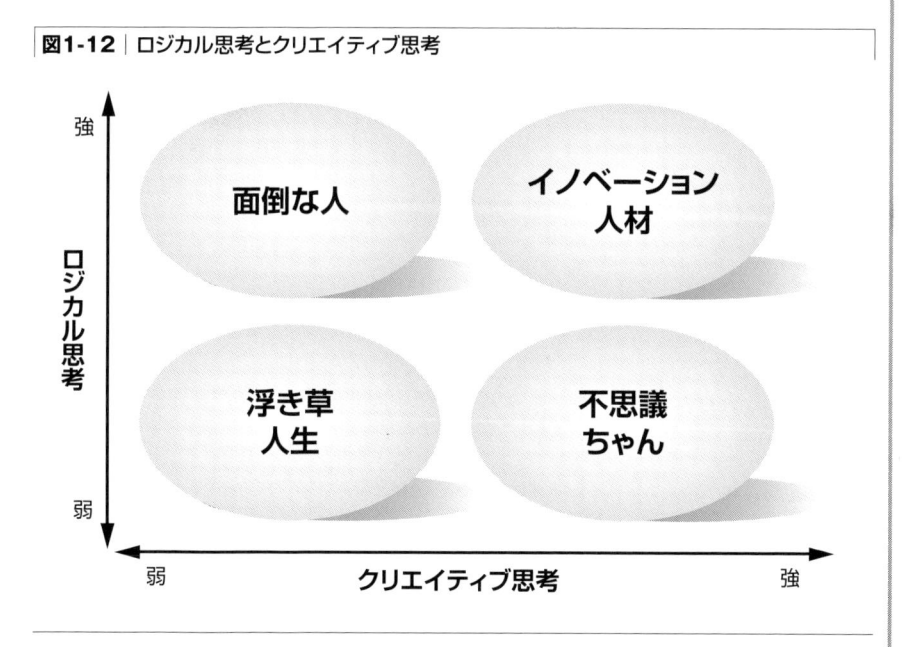

図1-12 | ロジカル思考とクリエイティブ思考

縦軸: ロジカル思考（弱〜強）
横軸: クリエイティブ思考（弱〜強）

- 左上: 面倒な人
- 右上: イノベーション人材
- 左下: 浮き草人生
- 右下: 不思議ちゃん

できれば、1人の頭の中で、ロジカル・シンキングとクリエイティブ・シンキングを自由自在にスイッチできるのがベスト。ファシリテーターであればなおさらです。それが難しい方は、チームの中でバランスよく発揮させることを目指しましょう。それこそが、イノベーションが起こせるチームなのです。

> **Column-3 ●個人や組織の創造力を高めよう!**
>
> 　個人の発想力を磨くための図書や組織の創造力を扱った図書を紹介しておきます。さまざまなヒントを得るのに役立ててください。
> ■個人の発想力を鍛錬したい人向け
> ・外山滋比古『思考の整理学』(ちくま文庫)筑摩書房
> ・加藤昌治『アイデアパーソン入門』講談社
> ・柳澤大輔『アイデアは考えるな。』日経BP社
> ・秋山具義『ファストアイデア25』二見書房
> ・松岡正剛『知の編集術』(講談社現代新書)講談社
> ・松岡正剛監修、ISIS編集学校プランニング・メソッド研究会著
> 　『直伝!プランニング編集術』東洋経済新報社
> ・三谷宏治『ペンギン、カフェをつくる』東洋経済新報社
> ・トニー・ブザン他『ザ・マインドマップ』ダイヤモンド社
> ・木村尚義『ずるい考え方』あさ出版
> ■組織の創造力を高めたい人向け
> ・野中郁次郎、紺野登『知識創造経営のプリンシプル』東洋経済新報社
> ・トム・ケリー、ジョナサン・リットマン『発想する会社!』早川書房
> ・クレイトン・クリステンセン他『イノベーションのDNA』翔泳社
> ・エティエンヌ・ウェンガー他『コミュニティ・オブ・プラクティス』翔泳社

第 **2** 章

素材をインプットする
Field Work

1 情報をできるだけ集める

☛しっかりインプットしていますか?

　「アイデアは既存の要素の組み合わせ」だとすれば、アイデアを出す前の情報のインプットが重要となります。アイデアの素材やタネとなる情報をしっかりと頭の中に仕込んでおかないと、その場での思いつきばかりになり、斬新なアイデアがひねり出せません。

　ところが、チームでアイデアを出すというと、1人ひとりが思いついたことをどんどん出す、ブレーンストーミングばかりを思い浮かべてしまいませんか。その前の準備段階として情報のインプットが必要だということに、なかなか思い至りません。

　たとえ分かっていても、レポートをひっくり返してみたり、検索をかけたりというのは地味な作業です。クリエイティブなイメージがあまりなく、新人や外注に頼んでやってもらえばいい、と思っている人も少なくないのではないでしょうか。筆者は、アイデアをつくり出すさまざまな場に関わってきましたが、情報のインプットがひどくないがしろにされていることがよくあります。

　本当に良いアイデアを生み出そうと思ったら、はじめに「これでもか」というぐらい、素材のインプットをすべきです。そこでアイデアの質が決まるといっても過言ではありません。

☛既成観念の殻を破ろう

　インプットの工程は、単に発想のタネを集めるだけではなく、私たちが持っている既成観念の殻を破るためにも重要です。

「え、逆じゃないの?」と思われた方がいらっしゃるかもしれません。既存の情報のインプットから始めると、そのイメージが頭に強く染み込んでしまって、既成観念から離れられなくなる。だから最初にインプットしないほうがいいんだ、という考え方です。

中途半端に、つまみ食い的に情報をインプットすると、確かにそうなります。手持ちのわずかな素材にしがみついてしまって、殻を破りにくくなるからです。

しかも、ちょいちょいっとお手軽に収集した情報は、既成観念にべったりと染まったものがほとんど。せっかく良い着眼点を見つけたと思っていたら、とっくの昔に考えられていたり、誰かがやっていたりすることが分かるときもあります。インプットすればするほど、発想の余地が狭くなるように感じるのもよく分かります。

しかし、圧倒的な量のインプットをすれば話は変わってきます。

対象とするテーマについて、世の中で既に考えられていることにはどんなこ

図2-1 | 情報のインプットが大切

とがあるのか。逆にまだ考えられていないことはどんなことか。まったくテーマから外れた領域にどのような素材が転がっているのか。これらを幅広く知っておけば、どこまで考えれば既成観念の殻を破ったことになるのかが分かります。既成観念を超えるためのヒントも手に入ります。

「今ある素材の全体感」をつかんでおくことこそが、アイデア創造の土台になります。「既成観念を破る」「ゼロベースで考える」ということは「インプットをしない」を意味するのでは断じてないのです。

☛フレームワークを活用した情報収集術

とはいっても、圧倒的な量のインプットをするのは難しいことです。どこまでやれば十分な量の素材をインプットしたことになるのか、客観的な判断ができないのも悩みのタネです。

実際には、すべての情報をモレなくインプットするなどありえません。一定期間で集められる情報には限りがあり、脳に詰め込める情報量にも限界があります。

結局、収集できた素材の中でやりくりするしかありません。それならば、せめて重要な素材をスカッとまるごと見落としてしまうことがないようにするのが賢い方策といえます。

こういうときに役立つのが**フレームワーク**です。素材を集める観点（切り口）を知っておいて、観点に抜けや偏りがないかチェックしながら作業を進めるのです。ただ漠然と「広く情報を集めよう」と言われるよりも「この４つの観点で情報を集めよう」と言われたほうが、グッと情報を集めやすくなるはずです。

図2-2に代表的な環境分析のフレームワークを挙げておきますので、情報集めに役立ててください。ファシリテーターとしては、インプット作業に効果的なフレームワークを選び、提示することが大事な役割になります。ピッタリするものがないときでも、闇雲に情報収集する前に、どんな観点で情報を収集するか、意識のすり合わせをしておくことをお勧めします。

☛インプットに集中できる環境を確保する

もともと情報のインプットは、きわめて個人的な作業です。資料を調べたり、

図2-2 環境分析のフレームワーク

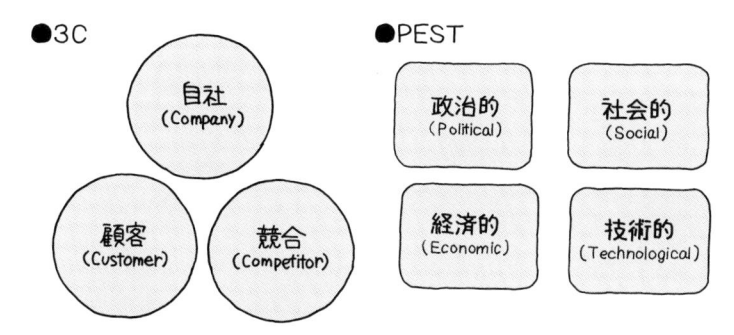

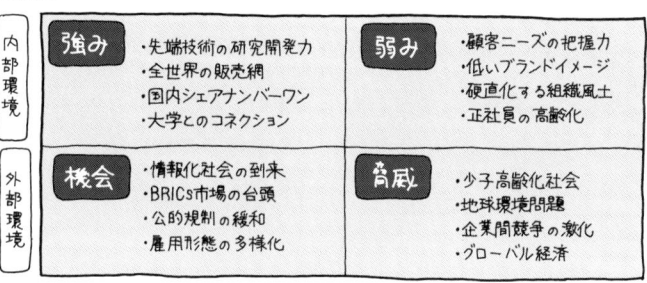

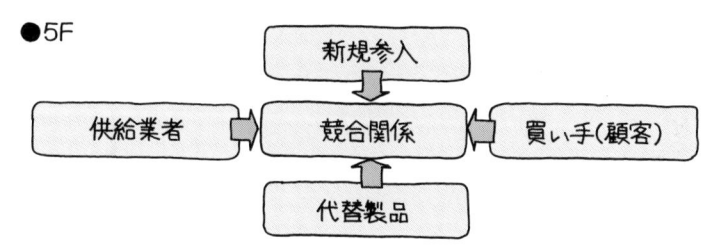

● 3C
- 自社 (Company)
- 顧客 (Customer)
- 競合 (Competitor)

● PEST
- 政治的 (Political)
- 社会的 (Social)
- 経済的 (Economic)
- 技術的 (Technological)

● SWOT

	強み	弱み
内部環境	・先端技術の研究開発力 ・全世界の販売網 ・国内シェアナンバーワン ・大学とのコネクション	・顧客ニーズの把握力 ・低いブランドイメージ ・硬直化する組織風土 ・正社員の高齢化
	機会	脅威
外部環境	・情報化社会の到来 ・BRICs市場の台頭 ・公的規制の緩和 ・雇用形態の多様化	・少子高齢化社会 ・地球環境問題 ・企業間競争の激化 ・グローバル経済

● 5F
- 新規参入
- 供給業者 → 競合関係 ← 買い手（顧客）
- 代替製品

● 7S
- システム
- スタイル
- 戦略
- 価値観
- 人材
- 構造
- 能力

第2章 素材をインプットする

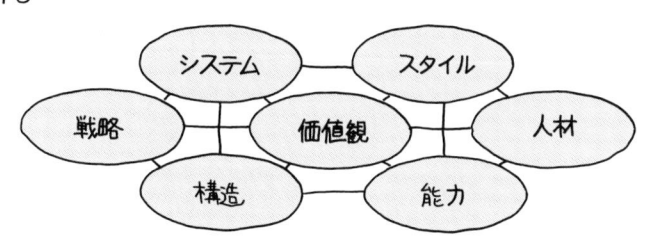

それを読み込んだりするのは、みんなで集まる前に1人ひとりがしっかりやっておくべきことです。

　そうはいっても、現実的には、インプットに集中する時間が日常の業務の中で確保できない場合もあります。メンバーが6〜7人いれば、前もってやってこないズボラな人も何人かいるでしょう。

　こういう人に「けしからん！」と怒ることも必要ですが、それだけでは問題は片づきません。「この時間は、誰にも邪魔されず、ひたすらインプットに集中できる」という時間を公式に確保することも検討すべきです。

　たとえば、資料の準備は各人でしておいて、読み込みはミーティングの中でする、といった方法です。1人ひとりじっくり読み込む時間を取るのでも、全員で読み合わせをするのでもよいでしょう。

　そうしているうちに、足りない情報に気づいて、調べたくなることもあります。図書スペースの近くで作業をしたり、すぐにインターネット検索できるようにパソコンをセッティングしておけば、その場ですぐに調べられます。

　落ち着いて資料を読み込んだり、集中して考えたりできる環境づくりも大切です。

　人によって、集中できる環境は大きく異なります。1人になれる静かなところが好きな人もいれば、むしろ雑踏が好きな人もいます。実はタバコ部屋が一番いいんだという人もいるかもしれません。こちらの思い込みで、環境を用意してみんなを従わせるのではなく、可能な範囲で、多様な環境を確保しておくことが大切になってきます。

　こんなふうに、時間を確保する、情報にアクセスしやすくする、多様な環境を整える、といった働きかけを通じて、個人やチームのインプット作業を促進するのもファシリテーターの仕事です。地味ではありますが、アイデアを生むための大事な役目です。

☛素材を整理し、蓄積していく

　集めた素材は、文章や図表の形でちゃんと残すことが大事です。「頭の中で分かったからもう大丈夫」というのが一番あてになりません。

　1人でインプット作業をしているときにお勧めなのは、大きめのカードに書

いてどんどんためていくやり方です。これでは大げさだというのであれば、ノートでもよいでしょう。

量が多いときや、後でいろいろデータを加工したいときなどは、カード型データベースソフトや表計算ソフトに情報を書き込む方法もあります。電子ファイルなら他のメンバーとの共有も楽です。

図2-3｜文字に落とそう

ただ、下手をするとデータベースづくりが目的化してしまう恐れがあります。まずはその場で身体を使って書き留めるのを基本にしましょう。

Column-4 ● 社長から見せられた写真

星野リゾートを経営する星野佳路社長は、自分が観察して気になったことは何でも写真に残し、それを社員に見せることで、意見を引き出していきます。たとえば、ホテルの近くのバス停で人が並んでいる様子が気になると、写真に撮って社員に見せ、改善のアイデアを募るのです。

「バスを待ちながらゆったりと景色を楽しめるようになっていない」と彼は気づいたのですが、単に言葉だけで伝えられても社員には実感が湧きません。写真が効果的なインプットになっているわけです。

この方法を発展させ、星野社長のような観察眼の鋭い人だけに撮影を任せるのではなく、チーム全員で写真を撮りまくって持ち寄る。それをインプットにするというのも良い方法です。

（出所：『日経情報ストラテジー』2011年8月号）

2 フィールドワークで発見をする

☛現場での新しい経験が発見を生む

　資料や情報をできるだけたくさん集めることは、アイデアを出すための必要条件です。しかしながら、これだけでは十分とはいえず、さまざまな調査を通じて、新たな情報を得る必要があります。それこそが、他の人が気づいていないアイデアを生み出す源泉となります。

　調査のやり方としては、アンケートなどの**定量調査**と、グループインタビューをはじめとする**定性調査**があります。どちらも、いろんな方法で対象とのコンタクトを持ち、問題や要望を探ろうというものです。

　ところが、モノや情報があふれかえっている昨今、商品化できる顕在ニーズはほとんど具現化されています。潜在ニーズを探ろうにも、実際に商品やサービスに触れたときに初めて「そうそう、こんなものが欲しかった」と感じるもの。実際に商品を利用するなかで、顧客自身が自分たちのニーズに気づき、自ら用途を開拓することも珍しくありません。

　つまり、「顧客にはニーズがある」「顧客に聞けばニーズが見えてくる」という、調査の大前提が怪しくなってきたわけです。そんな時代に私たちはどうやってアイデアのタネを集めればよいのでしょうか。

　そこで、今、ビジネス界で注目されているのが**フィールドワーク**です。デザイン思考でも重要なステップと位置づけられています。

　フィールドワークとは、文化人類学や民族誌学で使われてきた「参与観察」と呼ばれる調査手法です。たとえば、ある少数民族の文化を研究しようと思ったら、実際に現地で何年も一緒に暮らしながら対象者の視点で日々の生活を観

察し、民族誌（エスノグラフィー）という形でまとめていきます。

その考え方をビジネスに活かし、現場で顧客と同じ経験をしながらその生態を観察していきます。顧客のニーズを調査したり、心理を分析したりするのではなく、現場でのファクト（事実）、インサイト（洞察）、インスピレーション（直観）を集めていくのがフィールドワークです。

☛空論をやめ、取材に行こう!

フィールドワークは定式化されたやり方があるわけではありません。図2-4のような道具を持って現場に足を運び、観察したり、一緒に体験したり、分からないところを尋ねたりします。その中で得た経験を、文字・画像・音声などでつぶさに記録していきます。

チーム全員で1つの現場に足を運んでもよいし、分担してバラバラに行っても構いません。観察力や質問力といった、1人ひとりが持つファシリテーション能力が問われます。

フィールドワークでは、対象の行動や状況を判断・評価抜きでそのまま観察して記録していくことが求められます。とはいえ、アイデアのタネとなる発見

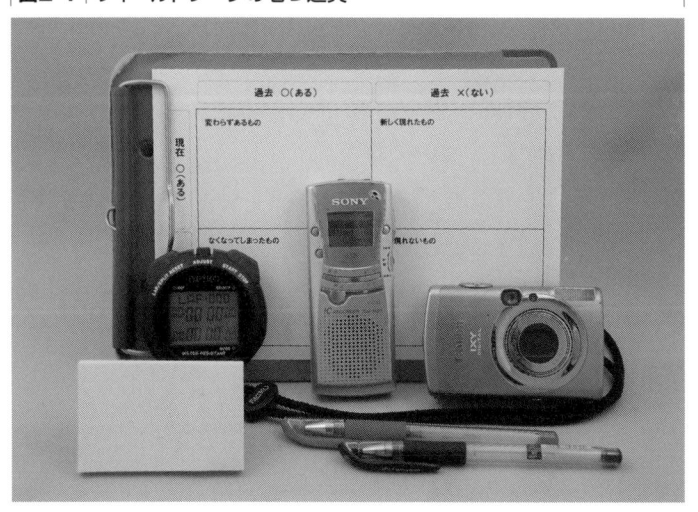

図2-4 | フィールドワークの七つ道具

を得やすくするポイントがいくつかあり、知っておいて損はありません。事前にファシリテーターから全員に伝えるようにするとよいでしょう。

ポイント① 仮説を持たず、課題を持つ

　フィールドワークをするときの大原則は「仮説を持たない」ことです。
　「…に違いない」と自分の考えを持ってしまった瞬間に、目が曇って、新鮮な驚きや意外な発見が得られなくなってしまいます。生まれて初めて「それ」を見るかのような気持ちで対象に向き合うことが大切です。
　そのことを、デザイン思考の研究家・奥出直人氏は「自分がうなずき始めたら要注意である。うなずきは、自分の過去の経験と一致させて、推測していることを示す」(『デザイン思考の道具箱』NTT出版)と述べています。
　だからといって、仮説を持たないことと、観察・体験する際のテーマ(課題)を持たないこととは別です。何かを発見するためには、しっかりとテーマを持たなければいけません。「珍しいモノ」「不思議な行動」といったものでOK。そういったものなしに現場に足を運んでもロクなものが発見できません。
　これは、本章の5節で紹介する「カラーバス」をやってみるとよく分かります。「赤いモノ」といったお題で街に出て、テーマに合ったものをどれだけ発見できるかを競うのです。不思議なことに、ふだん見慣れているはずの風景なのに、驚くほどたくさんの赤いモノが発見できます。
　編集工学を提唱する松岡正剛氏は、これを「注意のカーソル」と呼んでいます。どこにカーソルを向けるかで発見できるものが変わります。同じテーマでも、注意の方向、範囲、深さなどを変えれば、見えるものが違ってきます。
　さらに、テーマに興味を持つことが大切です。あてがいぶちのあまり興味も関心も持てないテーマでは見つかるものも見つかりません。フィールドワークそのもののテーマはチームやリーダーが設定するにしても、現場では自分の興味が持てるテーマを用意して臨むようにしましょう。

ポイント② 驚きと疑問が大切

　フィールドワークをやってみると、ビックリするほどたくさんのことを見つけてくる人と、ほとんど何も見つけられない人がいます。それは、感受性と探

求心の違いによります。

　感受性とは、いわばアンテナの感度です。感度が悪い人は、変わったもの、違和感のあるもの、普段とは違うものを見つけても頭に残りません。「え」「おや？」「へ〜」「あれれ…」といった気持ちを大切にしましょう。

　アンテナの感度が良くても「ふ〜ん」「たぶん、こういうことだろ」と流してしまう人もいます。「なぜ、そうなんだろうか？」「あれ、どうして？」と探求する心が足りないのです。

　このあたりは、普段から心がけておかないと急には良くなりません。それでは間に合わないので、本章では発見のフレームワークとして使えるワークシートをいくつか紹介したいと思います。気に入ったものをクリップボードにはさんでフィールドに出てみましょう。ワークシートを使うだけでも、いろんなことに気づきやすくなるはずです。

ポイント③ 五感をフルに活用する

　観察というと「消費者の生活をビデオに撮ってひたすらじっくり観るやつだ

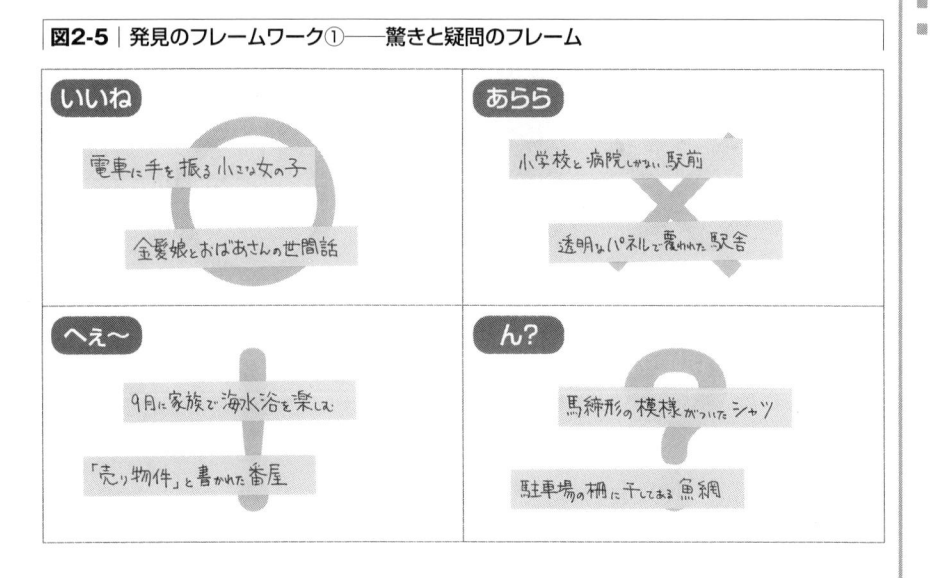

図2-5｜発見のフレームワーク①──驚きと疑問のフレーム

いいね	あらら
電車に手を振る小さな女の子　金髪娘とおばあさんの世間話	小学校と病院しかない駅前　透明なパネルで覆われた駅舎

へぇ〜	ん？
9月に家族で海水浴を楽しむ　「売り物件」と書かれた番屋	馬蹄形の模様がついたシャツ　駐車場の柵に干してある魚網

第2章　素材をインプットする　049

ね」「グループインタビューでマジックミラー越しに見るやつでしょ」と言う人がいます。これらはニーズ調査の有力な方法ですが、フィールドワークでいう観察とは少し違います。

フィールドワークでは対象者と"同じ体験"をしながら観察するのがポイント。五感（視覚、聴覚、嗅覚、味覚、触覚）を総動員して対象者の感じていることを探っていきます。ときには第六感を研ぎ澄ますことも必要です。

たとえば、観察していて疑問に思ったら、同じ体験をしてみてどんな感じがするかを味わってみましょう。それが理解するための一番の方法です。

また、私たちはどうしても視覚に偏りがちなので、目をつぶってみるのも良い方法です。きっと、いろんな音が聞こえ、かすかな空気の動きや匂いも感じられるはず。

ここでもやりにくい方のためにフレームワークを用意しておきます。皆さんなりにアレンジして使ってみてください。

図2-6｜発見のフレームワーク②――五感のフレーム

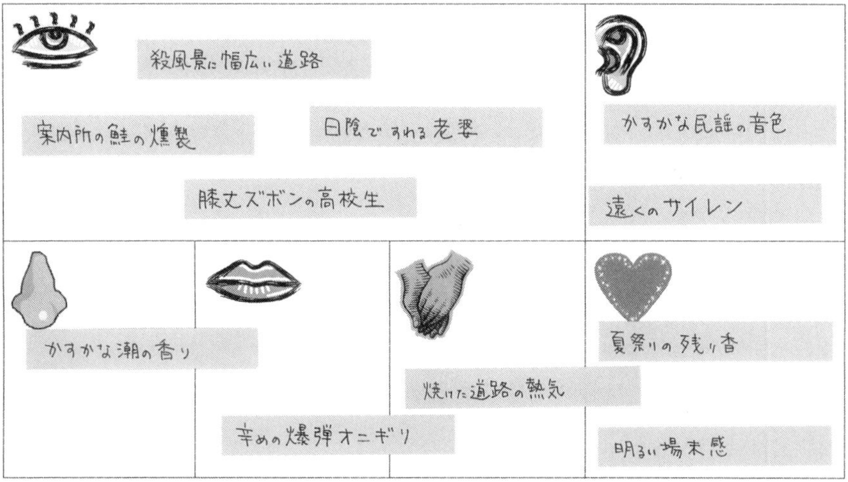

👁	👂
殺風景に幅広い道路 案内所の鮭の燻製　　日陰でされる老婆 膝丈ズボンの高校生	かすかな民謡の音色 遠くのサイレン
👃　　　👄　　　✋	❤
かすかな潮の香り　　　　焼けた道路の熱気 　　　　辛めの爆弾オニギリ	夏祭りの残り香 明るい場末感

ポイント④ 変化や兆しを感じ取る

　あるものを見つけるばかりが発見ではありません。ないものを見つけ出すことも気づきとなります。あるいは、昔あったものがなくなることもあります。そんなふうに物事の変化やその兆しを探し出せば、何かのヒントになります。

　たとえば、コンサルタントのリュック・ド・ブラバンデール氏は『BCG流 非連続思考法』の中で4つの視点を提唱しています。

①何かが現在存在していることに驚く
②何かが前から存在していたことに驚く
③何かがもはや存在していないことに驚く
④何かがまだ存在していないことに驚く

　これを筆者なりに改良したのが、図2-7の発見のフレームワーク③です。過去も現在もあるものは、印象に残ったものだけで結構。できるだけ、変化した

図2-7｜発見のフレームワーク③――変化や兆しのフレーム

	過去 ○（ある）	過去 ×（ない）
現在 ○（ある）	変わらずあるもの 立ち食いそば屋 甲高いアナウンス 酔っ払いのオジサン	新しく現れたもの 駅ナカのコンビニ 身障者用のトイレ
現在 ×（ない）	なくなってしまったもの 担ぎ屋のオバチャン ポリ容器のお茶 緑の公衆電話	まだ現れないもの インターネットサービス 荷物を運ぶポーター

点や変化しそうな点を探してみましょう。

ポイント⑤ 対象の気持ちになる

　フィールドワークでは、現場に入って同じ目線に立ち、同じ気持ちになるところから「なるほど、そうだったのか」と発見が生まれてきます。対象に共感することが発見を呼ぶわけです。

　対象は、何を見て、何を感じ、何を訴えようとしているのか。それを相手の立場で味わってみることで、対象の奥底で起こっていることが分かります。

　しかも、対象を変えれば発見も変わります。男性が女性の視点に立つ、若者が高齢者の立場になる、といった具合に。ときには、何も知らない子どもの目になったり、まったくのズブの素人の視点に立ったり、左利きや障がい者といったマイノリティの立場に立って考えるのも発見につながります。

　ただ、対象の立場で考えるのは諸刃の剣です。あまり共感しすぎると、客観的に対象が見られなくなるからです。対象者の振る舞いや言葉が当たり前に思えてしまい、発見が得にくくなってしまいかねません。対象に共感しつつ、客観的な目を忘れない。ここがフィールドワークの難しいところであり、面白いところでもあります。

ポイント⑥ 特異点を見つけ出す

　アイデアのタネを発見するための手軽な方法を１つお教えしましょう。極端なことをしている人、無茶をする人、掟破りの人、例外的な振る舞い、矛盾している事柄、といった特異点を見つけ出すのです。

　これらは特殊な例ではあるものの、必ず一般的な対象の中のどこかにあるものです。それが、たまたま、ある人や事例を通じて表出しているに過ぎません。それは、世の中の多くのブームが、オタクやマニアから一般に広がっていったことからも分かります。

　フィールドでは、全般的（マクロ）な傾向をつかむことも大切ですが、微視的（ミクロ）な目でこういった例外を探してみるのも重要です。きっとアイデアを生み出すヒントが隠れているはずです。

ポイント⑦ 観察した内容の記録をとる

　最後に、前節の繰り返しになりますが、フィールドワークでは特に記録することが重要になります。観察しているその場でメモを取れないときは、観察が終わった直後に、できるだけ早くメモを書き残しましょう。

　どのような事実を観察したか、何を発見したか、何に疑問を感じたか、どのような事物が登場していたか…。これらを事細かに、記憶が鮮明なうちに書いて残すようにメンバーに促します。これが後々のアイデアの貴重な材料になるからです。

　文章や絵（スケッチ）で記録を起こすのが基本です。「まず、お客様は左から商品を眺め、右手で手にとってあたりを見渡して店員を探し…」といった具合に。

　ただ、あまり膨大だと頭の中がパンクしてしまいます。記録が一通り集まってから軽く整理をするとよいでしょう。そのときに便利なのが図解です。たとえば、いくつかの発見があれば、ツリー型で分類してみる。対象者の行動を時系列でフロー型に整理し直してみる。そうしておけば、観察内容を分かち合うときにも便利です。

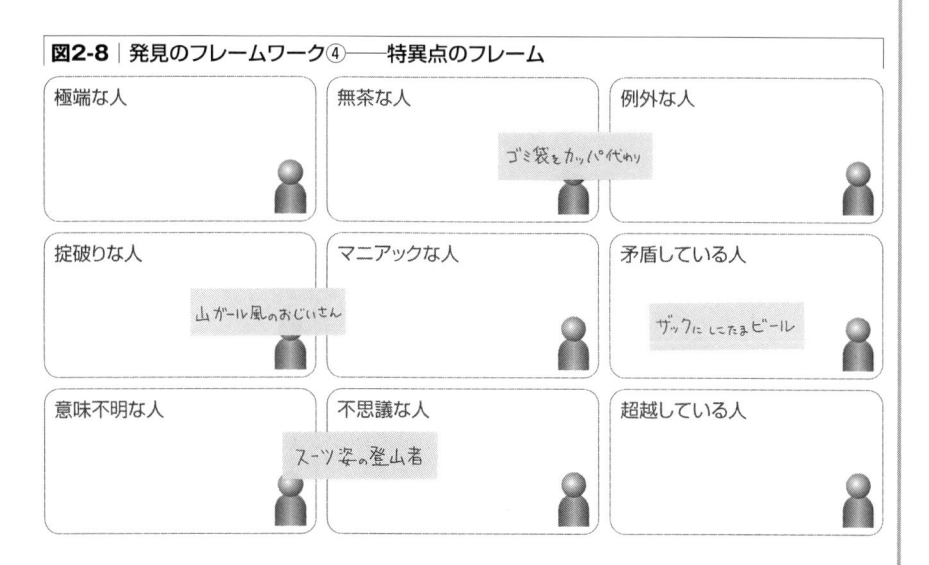

図2-8｜発見のフレームワーク④——特異点のフレーム

極端な人	無茶な人　ゴミ袋をカッパ代わり	例外な人
掟破りな人　山ガール風のおじいさん	マニアックな人	矛盾している人　ザックにしてたまビール
意味不明な人	不思議な人　スーツ姿の登山者	超越している人

第2章　素材をインプットする

3 確かな情報を引き出す質問術

☛答えは現場にある!

観察とならんで、現場での有力な情報収集法が、**インタビュー**です。直接、対象から情報を引き出すのですから、かなり強力な方法となります。

ところが、どういう理由なのかよく分かりませんが、私たちはインタビューするのを躊躇しがちです。

たとえば、モニター調査のアンケートでとても低い点数をつけた人が何人かいたとしましょう。そうすると、評価が低い理由をみんなで一所懸命"憶測で"見つけようとしてしまいます。しかも、憶測に対して憶測で反論する始末で、もうしっちゃかめっちゃか。話を聴きに行けばいいのに、なかなかそれができません。

こんな例もあります。研究テーマの棚卸しをしていたら、とても有望そうに見えるテーマが2年前に中止になっていることが分かりました。すると、担当者が早々に諦めてしまったんだろうとか、会社が必要な人員を充てなかったからだとか、自分たちが納得できる理由を憶測で探そうとし始めました。本来すべきは、事情を知っている人を探して、話を聴きに行くことなのに…。

ファシリテーターとしては、こういった不毛の議論が始まったら、このメンバーで話し合っていても進展は望めず、素直にインタビューしに行くべきではないのかと投げかけることが大事になります。

☛インタビューの3つの落とし穴

ただし、インタビューをすれば必ず真実が分かると考えるのは早計です。イ

ンタビューには落とし穴があることも頭に入れておかなければなりません。NLP（神経言語プログラミング）のメタモデルを使って説明しましょう。

1）事実を歪めて答える

話し手も生身の人間であり、なるべく自分がよく思われるように話す傾向があります。見栄もあって、常識から外れた行動や、実は自分ではうまくいっていないと思うことは、なかなか打ち明けてはくれません。

特に私たち日本人は、相手との関係性を大切にするあまり、相手が喜ぶ答えをしがちになります。特に質問者と回答者に社会的な上下関係があるときは顕著です。

にもかかわらず、「いかがですか？」「どうなの？」と曖昧な質問をしたのでは、「ええ、まあ」「まあというのは○○ですか？」「まあ、そんなところですかね」と本意でもないことを平気で言ってしまいます。中には、まったく知らないのに、答えないのは相手に悪いと思って、「たぶん、○○じゃないでしょうか。よく知りませんが」といい加減な答えをする人までいます。

図2-9｜インタビューの落とし穴

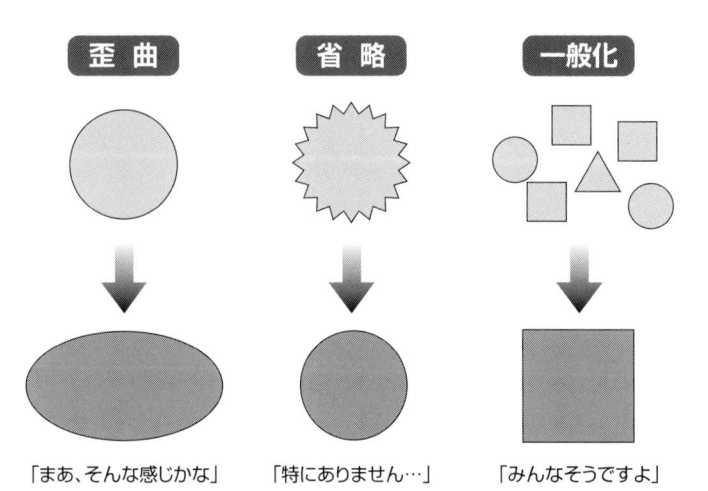

歪曲	省略	一般化
○	☆	□△□○
↓	↓	↓
○	○	□
「まあ、そんな感じかな」	「特にありません…」	「みんなそうですよ」

L・マイケル・ホール『NLPハンドブック』(春秋社)を参考に作成

2）見解を省略してしまう

　本人が当たり前だと思っていること、暗黙の前提になっていること、ほとんど無意識にやっていることは、インタビューでは出てきにくいものです。「その道のプロ・達人の技の秘密を探りたい！」といったときによく問題になります。

　たとえば、ものすごく家事が上手な主婦がいて、物の置き方や作業の手順にその秘密があったとしましょう。ところが、本人はそれを当たり前のようにやっているわけで、インタビューをしてもはかばかしい答えが返ってきません。

　せいぜい、「いや〜、当たり前のことをしているだけなんです。まぁ、日頃から整理整頓を心がけているぐらいでして、おほほ♪」という話が関の山。その道の達人が、自分がうまくやれている理由を説明できるとは限らないのです。

3）一般化して答えてしまう

　もう1つよくあるのが、「○○ということになっている」「○○ではないか」とあまりよく考えずに、安易に一般化して答えてしまうケースです。

　たとえば、ある商品のヘビーユーザーのところにインタビューに行ったとしましょう。企業の側から新しい機能を提案したところ、「そんな機能はいらない」「そんな使い方はしない」と、けんもほろろの答えが返ってきました。

　ところが、「"私"個人は、この機能の必要性を感じない」「"私"は、そんな使い方は、したことがない」というのが正確な表現だったのかもしれません。それを、多くの人は無意識に一般化して答えてしまいます。もう一歩踏み込まないと、何が真相か分からなくなってしまいます。

☛ 事実だけを丹念に集めよう

　歪曲、省略、一般化は、普段のコミュニケーションでよく起こります。詳しい対処法を述べだすと、それだけで1冊の本になってしまいます。ここでは、インタビューやフィールドワーク中に起こるミスコミュニケーションに的を絞り、すぐに使えるテクニックを1つだけ紹介します。

　それは、対象者の意見、思考、知覚、感情などを徹底的に排除して、事実と経験だけを集めることです。対象者からは材料だけを出してもらい、それに意味づけするのはインタビューした側がやろうという作戦です。

　たとえば、ある商品の使い方を尋ねるとしましょう。普通の人なら、次のよ

うに尋ねるのではないかと思います（Q：質問する人、A：答える人）。

Q　いつもどのように使っていますか？
A　大抵は、○○を△△して□□しています。

もうお分かりのように、これは事実ではなく「私はいつも…していると思っている」という意見です。歪曲、省略、一般化が入る余地がたっぷりあります。そうではなく、事実のみを質問することです。こんな質問になります。

Q　先ほどは、どのように使いましたか？
A　○○を△△して□□しました。

これなら、かなり事実だけを抽出でき、歪曲、省略、一般化が入る余地をほぼ取り除くことができます。

Column-5 ● 下着だけは手洗い？

　パナソニックは、中国で洗濯機を販売するにあたって、400軒にもおよぶ家庭を訪問したそうです。とはいえ、顧客にインタビューをしてもホンネを語ってくれるかどうかは分からず、洗濯作業を観察することが出発点になりました。

　そこから、「洗濯機を持っているのに下着だけは毎日手洗い」という家庭が多いことを発見。外着と下着を一緒に洗うと「下着に鳥インフルやSARSのウイルスが移るのではないか」と心配していることを突き止めます。これが除菌ななめドラム式洗濯機の商品開発に結実しました。顧客が当たり前と思っていることは丹念な観察によって明らかになってくるのです。

（出所：『日経情報ストラテジー』2009年2月号）

☛4W1Hで尋ねる

このように、本当のことを知ろうと思ったら、余断を持たずに丹念に事実、経験、行動などを尋ねるのが一番です。そのためには、4W1H（When、Where、Who、What、How）で質問するようにします。

Q　いつから、お使いになっていますか？（When）
A　2年前くらいから毎日使っています。
Q　たとえば、昨日はどこで使われましたか？（Where）
A　私の書斎です。リビングでも少し使いました。
Q　そのときに一緒に使った人は他にいますか？（Who）
A　家内と娘が一緒でした。3人で使いました。
Q　そのときに、何が使いにくいと思われたのですか？（What）
A　ボタン操作がやりにくく感じました。
Q　どのようにお使いになってそう思ったのですか？（How）
A　こんな感じで握って、ここを押すでしょう、すると…。

何か問い詰めているような印象を受けるかもしれませんが、それは話術でカバーします。これに、「要するに○○なんですよね？」（抽象化）、「たとえば△△ということでしょうか？」（具体化）の質問を加えていけば、事実がどんどん浮き彫りになるはずです（第4章1節参照）。

それと、もうお分かりのように、「なぜ、使いにくいんでしょうか？」となぜ（Why）の質問は、"いきなりは"しないのが無難です。それを尋ねてしまうと、事実ではなく意見が飛び出すからです。そこには歪曲、省略、一般化がどっさりと入っている恐れがあります。

☛確証バイアスに気をつけよう

中には、「そんなまどろっこしいことをせずに、"○○という使い方をしているんじゃないですか？"と、ズバリこちらの考えをぶつけてみては？」と考える方もいらっしゃるかもしれません。

それも1つの方法です。仮説を持つことで質問の焦点が定まり、一発で勝負がつくかもしれません。スピードの点ではこのほうが優れているでしょう。
　反面、人は仮説を立てた瞬間から、それに合った答えを求めようとする性質があります。これを**確証バイアス**と呼びます。
　相手が「ズバリ、その通りです」「いいえ、まったく違います」と答えた場合はよいのですが、「はあ、まあ、そんなところでしょうか」と曖昧な答えが返ってきたときは要注意です。
　仮説が検証されたと判断するのではなく、「違っているところがあるとしたら、どこですか?」「あえて、違うところを探すとなると、どんなところですか?」と尋ねなければ意味を取り違える危険性があります。

☛心理的な事実を尋ねる

　事実とは本当に起こったことです。ここまでは誰が見てもそうだといえる**客観的な事実**について述べてきました。加えて、当人の心の中だけで起こったことも、当人にとっては紛れもない事実になります。**心理的な事実**と呼びます。

Q　そのときに、どんなふうにお感じになりましたか?
A　手に馴染まないというか、違和感があるというか…。

　こういった知覚や感情も、アイデアのヒントとして丹念に集めていきましょう。
　その上で、必要であれば、思考・考察、価値・信条、決定・行動などを尋ねていきます。この順番を守らないと、相手が答えにくいだけではなく、思慮の浅いいい加減な答えが飛び出してしまう恐れがあり、右往左往させられることになりかねません。

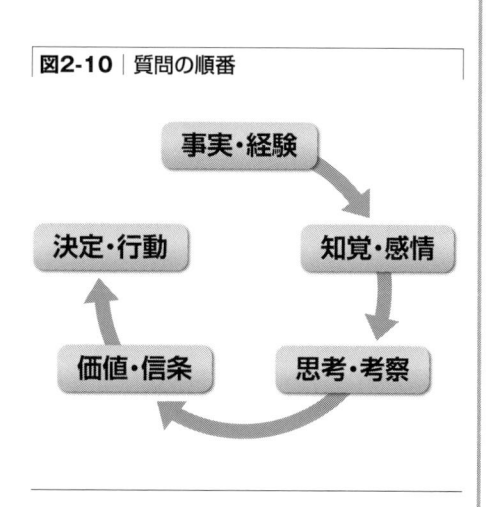

図2-10｜質問の順番

事実・経験 → 知覚・感情 → 思考・考察 → 価値・信条 → 決定・行動 →（事実・経験に戻る）

第2章　素材をインプットする　059

4 集めた情報を意味づける

☛ **情報と感情を分かち合う場を持つ**

　フィールドワークやインタビューの後は、そこで得られた知見をきっちりと言葉に落としてみることが大切です。自分の気づいたこと、感じたこと、考えたことを言葉にしようとすることで、得たものの意味が明らかになってくるからです。

　さらに、他の人が使った言葉が自分の感覚と違っていれば、その意味を尋ねていきましょう。そのやり取りの中から、本当の事実が立ち上がってきます。

　そういう意味では、真の発見とは、レポートを書いたり、誰かと分かち合ったりしているときに生まれるといっても言い過ぎではありません。現場に足を運んだ後は、それぞれが得たものを持ち寄り、対話する場を必ず持つようにすることがとても重要です。

　そんなわけで、対話の場を持ったとしましょう。あなたがメンバーの1人だったら、「今日見たことは、我々にとって〜〜という意味があると思う」などと格好よいことを、ついしゃべってしまいたくなりませんか？

　これはよくありません。集めた情報が「どのような意味を持つか」「どんな洞察が導けるか」「どのように活かせるか・発展させられるか」といった論点から始めてしまうと、何か含蓄のある発言をしなければならない雰囲気になってしまうからです。アイデアの素材を共有するというよりは、互いの持論を披露する場になってしまいます。

　まず必要なのは、事実・知識と感想の共有です。これらを分かち合ったあとに、その意味を考えたり、アイデアのもとになる理念やビジョンを考えていく

ようにします。

　いきなり深い考察に入らず、事実や感想を共有する対話から始めるのがポイントです。ある人の感想に対する他の人の感想も促し、インスピレーションをさらに深めていきます（F：ファシリテーター）。

- F　まず、どんなことを観察したか、その共有からいきましょう。
- F　調べてみて、どう思いました？　まずは感想をどうぞ。
- F　今の情報を聞いて、どんなふうに感じられましたか？
- F　Aさんの話を聞いて、Bさんはどのように感じましたか？

　Googleの創造性の教訓の中には「できるかぎり、シェアしよう(Share Everything You Can)」という言葉があります。ありとあらゆることを分かち合うことがチームの創造力を高めるのです。

☞ **それは何を物語っているのか？**

　そうやって、ある程度の情報と感想が共有できたら、いよいよ相互の関連を探し出します。パターン（○○のときは△△する）やトレンド（○○が△△に

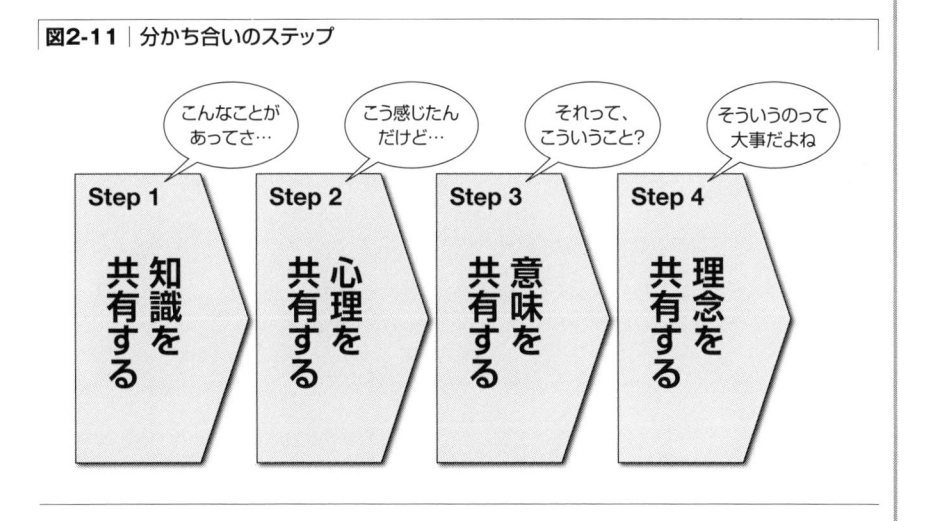

図2-11　分かち合いのステップ

Step 1	Step 2	Step 3	Step 4
こんなことがあってさ…	こう感じたんだけど…	それって、こういうこと？	そういうのって大事だよね
知識を共有する	心理を共有する	意味を共有する	理念を共有する

なってきた）を読み取り、そこから現場で何が起こっているか意味づけをしていきます。

  F どんな傾向やパターンが読み取れるでしょうか？
  F どの情報とどの情報が関連ありそうですか？
  F これらは私たちに何を訴えかけているのでしょうか？

　これはフィールドワークの成果を活かすためにも重要です。フィールドワークには、現場や対象に深く入れば入るほど客観性を失うという怖さがあります。第三者が現場に介在することで、対象の行動や心理を変えてしまうこともあります。
　そのため、単に自分1人が得た知見をぶつけたのでは、「本当に君が言うようなことが起こっているのか」「君はそう感じたかもしれないが、私にはそう思えない」といった憶測の議論になる恐れがあります。
　そうならないためには、フィールドワークから得た情報を、資料をはじめとする客観的な情報と突き合わせることです。1つの情報から何かを読み取るのではなく、情報全体から発しているメッセージを探し出すことです。そのためにも、対話の場を持つことがとても重要になってきます。

☛対話の中で意味が生まれる

　対話（ダイアログ）とは、本質を発見するための話し合いです。「こういうことがあったんだ」「へえ〜、私のほうではこうだったよ」といった単なる報告会は対話ではありません。
　この情報はこう読み取れるのではないか、こんな考え方をするのはどうだろうか、要するにこういうことが起こっているのではないか——そういった仮説を出し合い、本質的な仮説を探し出していくのが対話です。
　そうなるためには、次のような、意味を問いかける質問を習得しておく必要があります。

  F つまり、○○は△△だということなんでしょうか？

F　それって、結局、何をやっているってことなんでしょうか？
F　それをすることで、何がうれしいんでしょうか？
F　仮に□□でないとしたら、どんな考え方ができるでしょうか？

ここで気をつけてほしいのは、「どの情報が正しいか」「どの仮説が優れているか」といった評価や取捨選択のための議論はやらないことです。この段階では、すべての要素はアイデアを出すための素材にすぎず、それがどんな効果を生むのかはアイデアを出してみないと分かりません。

図2-12│対話の様子

何がよいかではなく、そこから何が言えるか。それだけを話し合うように対話をうまく舵取りしていきましょう。

F　もし、それが間違っていないとしたら、何が言えるでしょうか？
F　２つの情報の矛盾は、どう考えればよいのでしょうか？
F　双方の仮説を両立させる、新しい考え方はありませんか？

☛ビジョンや価値観を語り合う

こういった対話を進めていくと、いずれ「自分たちは何を実現したいのか」「私たちが大切にしたいものは何か」という根っこの部分に、対話が進んでいくようになります。これこそがダイアログです。

素晴らしいアイデアを生み出すためには方法論も大切ですが、「本当のところはこんなことを実現したい」という、自分たちの焼けるような欲望がカギとなります。その欲望があればこそ、高い目標にもチャレンジでき、アイデアに輝きを持たせることもできます。

また、チームでアイデアをカタチにしていく過程は、チームが１つになっていく過程でもあります。知識や情報はもとより、ビジョンや価値観を分かち合うことがとても大切になります。
　だからといって、いきなり「ビジョンを語ろう」と持ちかけても机上の空論になりがちです。知識の共有→心理の共有→意味の共有のステップを経て初めて、地に足のついた話し合いになります。
　ファシリテーターとしては、対話をあせらず、じっくりやるのがコツです。大まかなプロセスがデザインできたら、後はそれが自然と進んでいくのを見守っていけば十分。会議のファシリテーションのように「丁々発止のやり取りで議論をさばく」という話ではありません。それよりも、みんなの思いをきっちりと言葉として残すことに意識を向けるようにしましょう。
　ときにはメンバー同士で考えや感情がぶつかり合い、葛藤が起こることもあります。それもチームが機能するための１つの過程であり、次第に暗黙の規範やコミュニケーションのルールが醸成されていきます。決定的な対立にならないようにだけ気をつけていればよく、対処をあせる必要はありません。

☛チームで時間・体験を共有する

　ビジョンを語っても空論になりそうになったり、言葉だけやり取りしても肝心のところが共有できなさそうなら、奥の手を繰り出します。チームで一緒の体験をすることです。それも、単に一緒にバーベキューをするとかではなく、アイデアを生み出したいテーマに関連した体験を一連のプロセスに埋め込みます。たとえば、こんな感じで。

　　あらためて口にしなくてもわかっている「何か」を、互いに共有しているチームは強い。スポーツにおいてもそうだし、海外から見れば日本の企業組織の強さも、まさにそこにあったのかもしれない。
　　映画『グレート・ブルー』の監督リュック・ベッソンと俳優のジャン・レノ、そして音楽を担当したエリック・セラの三人は、撮影が始まる前の二カ月間、地中海の海をめぐりながら毎日ダイビングをくり返したという。主人公はどんな気持ちで海に潜るのか、自分たちはなぜこの映画をつくるのか、

なぜつくらなければならないのか。これらについて、語り合い、感じ、体験を深く共有する時間を重ねたそうだ。

　　　　　　　西村佳哲『自分の仕事をつくる』（ちくま文庫）筑摩書房

「日本の古民家のアイデアを取り込んだ家をつくりたい」という住宅メーカーのプロジェクトメンバーの方とお話ししたことがあります。やはり、メンバー全員で、いろいろな古民家に一定期間住んで暮らして、ということをやったそうです。これなどは、チームでの時間・体験の共有と、フィールドワークの両方を兼ねた活動だといえます。

　チームで一緒の体験をする。チームで一緒に過ごす時間をとる。価値観を分かち合えるような対話をする。そこからお互いの信頼感や、共通するビジョン・価値観が生まれ、体験や知識（特に暗黙知）の共有ができます。それがアイデアの土壌となり、いつかは大きな花を咲かせるのです。

Column-6 ● 京都の禅寺で座禅

　本文で述べた以外にも、商品開発部門の人が共通体験をする事例は割合多く見つかります。一例を挙げると、ユニークな商品を次々生み出すサントリー。「伊右衛門」の開発に当たって、開発メンバーが一緒になって、京都の禅寺で座禅を組んだり、老舗茶舗を巡ったりしたそうです。

　このような活動は経費削減のあおりをモロに受け、なかなか辛いところではあります。しかしながら、商品開発部門以外の人たちにもこの発想がもっと広がってもよいのではないかと思っています。部門をあげて英語力を身につける必要があるなら、全員で英会話学校に行ってみるとか…。そんな共通の体験がチームを強くしてくれるはずです。

　　　　　　（出所：峰如之介『なぜ、伊右衛門は売れたのか。』
　　　　　　　〈日経ビジネス人文庫〉日本経済新聞出版社）

5 インプット力を高める アクティビティ

　フィールドワークやインタビューそのものが、インプット力を高めるアクティビティ（活動）です。とはいえ、ある程度の経験を積まないと、発見力も情報収集力もついてきません。いきなり現場に出る自信のない方は、少し練習をしておいたほうがよいかもしれません。それにふさわしいエクササイズをいくつか紹介します。

☛カラーバス

　バスとはお風呂（Bath）を指し、色を浴びるという意味です。先ほど紹介したように、「赤いモノ」といったテーマを決めて街に出てみましょう。すると、赤いモノが目につくようになり、「へえ〜、これも赤だったんだ」「どうして、これは赤なんだろうか」といろんな発見があります。これを**カラーバス効果**と呼びます。

　テーマは色でもカタチでも人でも何でも構いません。テーマを意識することでSee（見える）からLook（見る）に強制的に転換させるのです。

　このエクササイズが面白いのは、色という縛りで、互いに関係なさそうなものが集まってしまうことです。インプット作業に慣れていないと、どうしてもアイデアに直結した情報ばかり集めがちになり、集めるべき既存の要素の範囲が狭くなってしまいます。

　ところが、カラーバスを使うと、意外なものがたくさん集まり、案外それがアイデアを出すのに役立ったりします。意図的にテーマとは関係のない視点で情報集めをすることで、発想の幅が自然と広がっていくのです。

みんなでテーマを決めて街に出るのもよいし、毎日自分でテーマを決めて通勤・通学するのも楽しいです。そうやっているうちに発見する力が高まっていくことでしょう。

☛発見ゲーム

発見力を高めつつ、実際にアイデアのヒントが得られるアクティビティです。あえて、今扱っているテーマとあまり関係がなさそうな、雑誌、新聞、本、辞書、テレビ、写真、音楽といった資料を持ってきて、その中からテーマと関わりのある素材を探していきます。

図2-13 | 関係ない雑誌も見てみる

たとえば、「より素晴らしい授業をつくり出す」ことがテーマだとします。チームみんなで書店に行って、『an・an』『競馬ブック』といった、一見無関係に見える雑誌を20冊ほどランダムに買ってきます。そして、ペラペラめくりながら、授業に関するヒント探しをするのです。観察眼を持って資料を眺めれば意外にたくさんのネタが見つかることに気づくはずです。

筆者は、組織のビジョンを考えるような場面で、この方法をよく使います。みんなの思いを集約したフレーズを考えるときなど、どうしてもありきたりの単語の寄せ集めになってしまうため、こうやって雑誌から言葉を"借用"するわけです。

☛自然観察

カラーバスよりも少し創造的なのが「自然観察」です。カラーバスと同様、何かテーマを決めてみんなで該当するものを探します。テーマとしては、「ふわふわするもの」「やさしいもの」といった抽象的なものを選ぶと、発見力とともに創造力が養われます。ある程度練習を積んだ上なら、抱える課題に直結したテーマでもできます（第4章4節参照）。

自然観察では、単に発見してくるだけではなく、それぞれが見つけたものを分かち合う時間が大切です。テーマの解釈の違いや、自分にはない意外な視点に気づかせてくれるからです。
　大自然の中でやるほうがいろんな発見があるのですが、雑木林、公園、キャンパス、散歩道、神社仏閣、海岸など、身近で自然があるところならどこでも構いません。
　せっかく自然の中でやるのですから、視覚だけではなく、小鳥のさえずり、風のそよぎ、土の香りなど、五感をフルに使うようにしましょう。きっと、普段はあまり使っていないチャネルがあることに気がつくはず。それは、ファシリテーション能力を高めるのにも役立ちます。

☛観察ゲーム

　NLPのVAKモデルを使ったエクササイズで、30分くらいでできます。3～4人でグループをつくり輪になって座ります。まずは視覚から。観察者を決め、残りのメンバーをじっくりと観てもらい、終わったら目を閉じます。残りのメンバーの誰かが、ボタンを外したり眼鏡を交換したりして、前とは違うところをつくります。それを観察者に指摘してもらいます。
　次は聴覚です。観察者以外の人に順番に手を叩いてもらい、音を覚えてから、

図2-14 | 自然観察の模様

目を閉じます。誰かが拍手をして、誰の音かを当ててもらいます。最後は触覚です。今度は握手の感覚を覚えてから、目を閉じて誰の手か当ててもらうのです。これを、観察者を交代しながら繰り返します。

☛ロールプレイ

「顧客／利用者の視点に立て」などとよく言われますが、なかなかそう都合よく想像力を発揮できるとは限りません。こういうときは、頭だけでなく体感も働かせられる、ロールプレイを使ってみましょう。

まず演技者と観察者に分かれます。演技者には、客／店員、妻／夫、現場／本社、開発／営業といった、テーマに関連ある役割を割り当てます。演技の状況設定を説明した上で、役割に応じて、その人の意見、考え方、性格などを書いた役割シートを渡し、その役割になり切って演じてもらいます。合意や決裂など一区切りついたところで終わりにし、演技者と観察者とで、感じたことや気づいたことを出し合っていきます。

☛フィッシュボウル

金魚鉢という意味です。もともとはグループプロセスを読み解くアクティビティですが、発見力を高めるエクササイズとしても使えます。

討議するチームと観察するチームに分かれ、前者を後者がぐるりと取り囲みます。討議するチームは、葛藤の起きやすいテーマで議論をします。観察するチームは、誰にどんな行動（振る舞い）や発言があったか客観的な事実を集めます。それと同時に、その裏でどんな心の声が発せられたか、どんな気持ちだったかをつかむようにします（慣れないときは誰が誰を主に見るのか決めておくとよいでしょう）。場のムードがどう変わったか、どんな力関係が働いていたか、人と人の間で起こっていることも見ておきます。

討議が終わった後、今度は観察するチームが輪になって観察の報告会をします。それを討議するチームは外から眺め、自分たちがどう見られていたかを理解します。最後に両チーム一緒になって、いったい何が起こったのかを明らかにしていきます。何に気づいて何に気づかなかったのか、自分自身の観察力と発見力が一発で分かる優れたエクササイズです。

☛ファシリテーション・グラフィック

　個人でインプットした後の分かち合いで役に立つアクティビティも１つ紹介しておきます。発見したことをちゃんと残したり、共有したりするのに便利なのが**ファシリテーション・グラフィック**です。

　筆者は他の人の話し合いを見ることがよくあります。皆さん、かなり奥深い発見や洞察をお持ちで、「う〜む、すごい」とうならされることしばしばです。ところが、これがまったく記録として残らないのです。なんともったいないことをしているのだろうと切ない気持ちにすらなります。

　チームの中で、互いの情報、感想、考察などを共有するときは、ホワイトボードや壁に貼った模造紙の周りにみんなで集まり、出てきた意見をどんどん書き留めていきましょう。話し合いが終わったら、それをカメラでパチリ。そのあとは、画像ファイルを共有したり、印刷してプロジェクトルームに貼ったりします。

　こうやって、情報を拾い、残し、共有する手立てを考えるのがファシリテーターの大事な仕事の１つです。記録を残すときには次の点に特に注力してみましょう。

1）意見をとにかく拾う

　ロジカルに話し合うミーティングとは違い、どれが正しいとか間違っているとか、筋が通っているとかいないとかはどうでもよい話。とにかく多彩な素材を"そこに一堂に集める"ことが大切です。いちいち意見を判断せず、子どものように素直な心で情報・意見を拾うようにします。

2）進行と記録を分担する

　情報や思いを分かち合う話し合いでは、出てくる意見がとても多くなります。進行を受け持つファシリテーターと記録を担当するグラフィッカーの２人コンビで進めたほうがうまくいきます。そこまでの人がいないのであれば、進行のほうを手抜きして、記録に全精力をかけてもよいぐらいです。

3）カラフルに楽しく！

　カラフルなファシリテーション・グラフィックは、メンバーの脳に刺激を与えます。黒１色で済ませてしまいがちになりますが、アイデア出しのときには

図2-15 ファシリテーション・グラフィックを共有に使う

みんなで話し合って、意見を模造紙に拾う

⬇

デジカメで撮って…

⬇　　⬇

電子メールでメンバーに送って共有

プリントアウトしたものを貼り出してみる

第2章　素材をインプットする

極力意識してさまざまな色を使ってみてください。どこでどんな色を使おうかと悩むかもしれませんが、思いのままに好きな色を使って描けばOK。

　そういう意味では、ホワイトボードではなく模造紙を使うのは魅力的です。多彩な色のマーカーを使えるからです。消せないというプレッシャーはかかりますが、使ってみる価値はあります。慣れれば大丈夫です。

　また、文字ばかりでなく、ところどころにイラストや図面など、ビジュアル的な要素を織り込みましょう。これまたメンバーに刺激を与えてくれるはずです（第３章参照）。

　この他に、ファシリテーション・グラフィックは、チームでアイデアを出すすべてのステップで常に重要な役割を果たします。次章以降でもポイントを随時説明していきます。

Column-7 ● 思いもつかない不満を発見

　大阪ガス行動観察研究所は観察のプロです。あるとき、住宅のモデルハウスで来場者を観察したところ、営業担当者が想像もしていなかった来場者の不満を捉えることができました。「手洗いしたおしぼりではなく、未開封のものを出してほしい」「音声説明用に渡されるiPodのイヤホンは消毒済みだと伝えてもらいたい」といったものです。

　こういった情報を持たずに、ただ漫然とモデルハウスの改善策をブレーンストーミングしても、的外れなアイデアばかり出てきてしまいそうです。アイデア出しの出発点はやっぱりインプットですね。

　といっても、営業担当者本人が同じ観察をやっても気づけなかった可能性が大です。当事者には先入観や思い込みがあるからです。モデルハウスそのものに関わらない不満は見て見ぬふりをしてしまったかもしれません。チームの中に、部外者やちょっと異質なメンバーを入れておくのは、こういう意味でも重要です。

（出所：『日経情報ストラテジー』2011年8月号）

第3章

アイデアを発想する
Brainstorming

1 まずはブレストを使いこなそう！

☛もっともポピュラーなチーム発想法

　情報が十分にインプットできたら、それを元にみんなでアイデアを出していきましょう。これがアイデア発想のステージです。

　優れたアイデアを生み出すにはいくつかの原理があります。それをうまく方法論に落とし込んだのがアイデア発想法です（図3-1）。個人で使うものからグループでするものまでたくさんあり、うまく使えば絶大な効果があります。ファシリテーターとしては基本的なものは押さえておきたいところです。

　とはいえ、それぞれは正しく使わなければ期待する効果が得られません。1つひとつ習得していくには時間がかかります。中には準備や手順が面倒なものもあり、研修でならともかく、普段の会議では使いづらい場合もあります。

　これさえ覚えれば、誰もがどんな場でも手軽にでき、必ず大きな効果が得られる――そんな都合の良い手法があればありがたいです。

　そこでお勧めしたいのが、集団でアイデアを出す方法として一番ポピュラーな**ブレーンストーミング**（以下「ブレスト」）です。

☛80年前に生まれたブレーンストーミング

　ブレストは、アメリカで広告代理店を経営していたアレックス・F・オズボーン氏が、1930年代に考え出したアイデア発想法です。

　あらゆる発想法のエッセンスが凝縮されており、今やアイデアを出すこと自体をブレストと呼ぶ人もいるくらいです。その裏には、創造力や協働に関する深い教養と洞察があり、時間がある方は氏の著書を一読されることをお勧めし

ます。まずはこれをしっかりと自分のものにして、徹底的に使いこなすのが創造力あふれるチームづくりへの一番の近道です。

ところがあまりに有名になりすぎて、これが1つの手法だということを知らない人もいます。あれこれ手を加えた自分流や自社流をブレストと勘違いしている人も少なくありません。まずは、オリジナルのやり方と、なぜそうするのかの意味を理解し、正しいブレストを知るところから始めましょう。

ブレーンストーミングとは、読んで字のごとく、脳に嵐を起こして目覚ましいアイデアを雨あられのように生み出す手法です。そのためのメカニズムが、4つのルールに凝縮されています。

ルール① 批判厳禁

日本ではこう訳されることが多いですが、意図するところは「判断を延期する」です。ブレストの中のもっとも重要なルールとされています。

図3-1 | アイデア発想法

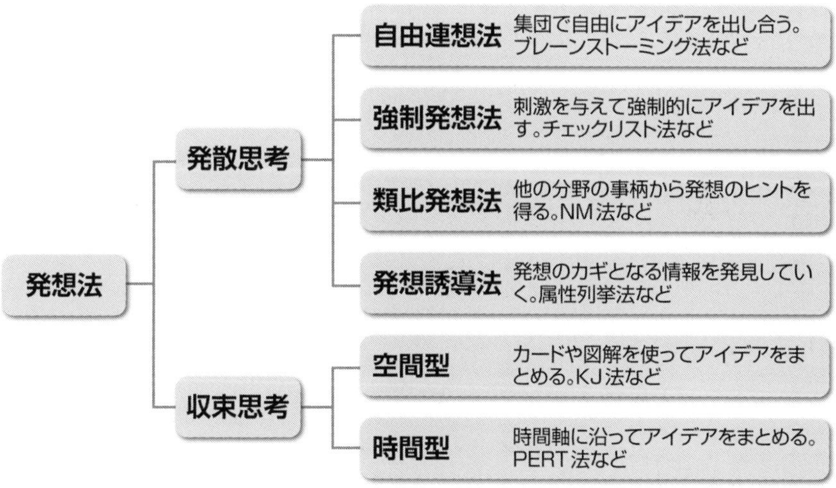

```
                  ┌ 自由連想法  集団で自由にアイデアを出し合う。
                  │           ブレーンストーミング法など
                  │
           ┌ 発散思考 ┼ 強制発想法  刺激を与えて強制的にアイデアを出
           │        │           す。チェックリスト法など
           │        │
           │        ├ 類比発想法  他の分野の事柄から発想のヒントを
  発想法 ─┤        │           得る。NM法など
           │        │
           │        └ 発想誘導法  発想のカギとなる情報を発見してい
           │                    く。属性列挙法など
           │
           └ 収束思考 ┬ 空間型    カードや図解を使ってアイデアをま
                    │          とめる。KJ法など
                    │
                    └ 時間型    時間軸に沿ってアイデアをまとめる。
                              PERT法など
```

出所:高橋 誠『問題解決手法の知識』(日経文庫)日本経済新聞出版社

こういうと、「批判されるとモチベーションが下がるから」と思う方がいるかもしれません。間違いではありませんが、もともとの意味は、批判がアイデアの広がりを妨げるからです。

くだらないように見えるアイデアでも、他のアイデアのヒントになるかもしれません。素晴らしいアイデアを生み出すための"アシスト役"になることもあります。それがよいかどうかは、全部が出そろってからでないと分かりません。早計に判断をして潰してしまうと、アイデアが広がっていかないのです。

それに、1つアイデアが出るたびに判断や評価をしていたら、リズム感やスピード感がそこなわれてしまいます。せっかくアイデアを出しても「そんなのは幼稚だ」とか「考えが浅い」とか言われたら、アイデアを出そうという雰囲気が台無しになってしまいます。

このルールを守るために、ファシリテーターはどんなアイデアも受け止め、評価的な発言は避けるようにします。メンバーから発言が出たら、テンポよく、明るい声で、そのまま復唱しましょう。

- ×　どうやってするのですか？　もっと面白いものはありませんか？
- ×　なるほど。でも、そのアイデアには実現性はあるのでしょうかね？
- ○　なるほど、△△△ですね！　他にはどうですか？

評価的な発言は避けるといっても、「それは素晴らしい！」といったプラスの評価なら、やる気を高めるのに役立ち、それほど問題ではありません。ただし、安心してしまって、それ以上考えようとする意欲がしぼむこともあります。「まだまだ面白いアイデアが出せるんじゃないですか」と励ますのがコツです。

また、ある特定の人ばかり誉めて、他の人にはちっともポジティブな反応を返さないと、ちょっとおかしな空気が流れてしまうかもしれません。それも気をつけるようにしましょう。

ルール②　自由奔放

これも正しくは「突飛なアイデアを奨励する」ということです。

突拍子もないアイデアや奇抜なアイデアの大半は、最終的には使われず捨て

られることになります。しかしながら、それがあるからこそ、我々が囚われている枠組みを打ち破り、新しい視点でテーマを見直すことができます。突飛なアイデアを潰したり飲みこんだりしてしまうと、ありきたりの常識的なアイデアしか出なくなってくるのです。

　突飛なアイデアを考えるのは大変ですが、それをけなすのはとても簡単です。そんな"つぶし屋"が出ないよう、自由奔放な発言を歓迎するようなムードをつくり出していかなければなりません。

- ×　……。（←奇抜なアイデアなので真に受けず、返答もなし）
- ×　え、マジ？　それはちょっとなあ…。真剣に考えてくださいよ。
- ○　お見事！　それもOK。
- ○　えらい、よくそこまで言った！
- ○　（つぶし屋さんに向かって）ちょっと待った！　今のアイデアも拾っておきましょうよ！

図3-2 | ブレストの4つのルール

批判厳禁	自由奔放
Defer Judgement	Encourage Wild Ideas
質より量	便乗歓迎
Go for Quantity	Build on the Ideas of Others

ルール③ 質より量

　良いアイデアを出すことを考えるのではなく、たくさんアイデアを出すことを目指しましょう。「アイデアを出せば出すほど、解決策へのいちばんいい手がかりを考え出せる可能性が多くなる」（A・オズボーン『独創力を伸ばせ』ダイヤモンド社）からです。

　「量が質を生む」という法則はアイデア発想でも通用します。初めに出てくるアイデアは、ありきたりなものが多く、それらが出た後や、出し切ったと思ったときに良いアイデアが生まれてきます。関係づけや組み合わせによって、アイデア同士が相互作用を生み、独創性のあるアイデアが出やすくなるからです。このあたりの原理については、次章で詳しく述べたいと思います。

　参加者はどうしてもアイデアのまとめを意識して、量よりも質に目がいきがちです。下手をすると、10個ぐらいしかアイデアが出ていないのに、それらの分類を始める人もいます（しかも、それが何の役にも立っていないことがほとんど）。

　そうならないよう、ファシリテーターがルールに引き戻すことが大切です。

　×　それは○○と同じですね。もっと良いアイデアはありませんか？
　○　あと10個出してみましょう。似ていてもいいから出してください。

ルール④ 便乗歓迎

　このルールは「付け足し歓迎」や「結合改善」（結合と改善を求める）と表現されることもあります。

　便乗とは、既に出たアイデアを足がかりにして別のアイデアを考えることです。「参加者は自分のアイデアを出すばかりでなく、他人のアイデアをもっとよいものに変えるにはどうしたらよいか、また二、三のアイデアをさらに別のアイデアにまとめるにはどうしたらよいか」（同書）を考えるのです。

　そのためには、詳しくは後で述べますが、ファシリテーターからの質問がカギになります。

× まったく新しい視点で何かありませんか？
○ 今の案に付け足すことは？　これを少しひねってみませんか？

　たとえば、幹となるアイデアが1つ出たら、そこから派生する枝がたくさんあるはずです。それらを○○シリーズ（系）として、しらみつぶしに出していきます。あるいは、連想ゲームのように、どんどん変化させていきます。
　そうやっているうちに、元のアイデアからはるか遠いところにいきついたり、思わぬ飛躍が生まれたりします。要は、いきなりホームランを狙わず、ヒットを積み重ねていこうという作戦です。

図3-3｜ブレストの様子

☞ブレストを使ったアイデア会議の進め方

　たとえ４つのルールを守ったとしても、100人が窮屈な部屋で２時間もやったのでは、うまくいかないのは直観で分かるかと思います。４つのルールの他に、アイデア会議を進めるための運用上のポイントがいくつかあります。
　オリジナルのやり方に筆者の経験則を加え、効果的なブレストをおこなうためのガイドラインを以下に紹介します。

1）メンバー

　まずは、メンバーの数と顔ぶれを考えます。人数は、５人から10人の間が推奨されています。これ以下だと盛り上がらず、これ以上だと発言しにくくなります。１つの円卓（ラウンドテーブル）を囲めるサイズ（５～７人）が理想的です。アメリカでは「ピザ２枚でまかなえる人数」といった言い方をします（日米ではピザの大きさがずいぶん違いますが…）。
　メンバー選びのポイントは、性別、年齢、部門、経験、専門知識などを混ぜ合わせ、考え方や視点に多様性を持たせることです。当たり前ですが、批判的な意見を出しがちな人よりも、活発にアイデアが出せる人を多く集めたほうがうまくいきます。

2）時間

　午後一番の眠い時間や終業後のような疲れた時間は、創造性を発揮するのにふさわしくないのはいうまでもありません。エネルギーとモチベーションがキープできる時間帯に会議を設定するようにします。
　ブレストは、どんなに短くても15分はかかり、１時間を超えるとかなりダレてしまいます。人数やテーマにもよりますが、30～45分くらいが１つの目安となります。集中力が切れる前に余力を残して終わるようにしましょう。

3）場所

　圧迫感のある場所では発想が広がらず、部屋が広くて天井が高い、開放的でリラックスできる環境がブレストには向いています（リラックスしすぎるのはこれまたやりにくいですが）。場の設えによってムードが大きく変わり、おろそかにできないところです。
　ホワイトボードをはじめとするアイデアを記録する道具は必ず用意しなけれ

ばなりません。慣れないうちは、4つのルールを紙に書いて貼り出しておくとよいでしょう。

4) テーマ

テーマは必ず問い（質問文）の形で表します。そのほうが的確なアイデアが出しやすくなります。

ブレストはアイデアを集めるためのものであり、「〜か否か？」といったように、何かを判断するためにやるものではありません。一般論よりも、適度な制約がある具体的なテーマのほうが、知恵のエネルギーが集中でき、ブレストに向いています。テーマを欲張らないほうがよく、たくさんあるときは、1つずつ片づけていくようにします。

- ×　新商品のネーミング　→「問い」になっていない
- ×　新商品の発売を遅らせるかどうか？　→判断を求めている
- ×　良い商品をつくるにはどうすればよいか？　→一般論になっている
- ×　新商品の名前とPR方法、価格をどうするか？　→複数テーマが混在
- ○　新商品にどんな名前をつければ、大ヒットを生むか？

5) 進め方

ファシリテーターがブレストのルールと本日のテーマを説明したら、ブレストが始まります。誰かが口火を切ったなら、あまり発言をコントロールせずに、どんどん出してもらったほうが、連鎖反応が起きやすくなります。

大切なのは、出てきたアイデアをもれなくホワイトボードなどに記録することです（ただし、発案者名は書かないように）。一般的には、ファシリテーターがその役目を担うのですが、記録係（グラフィッカー）を別に置くという手もあります。ブレストのときは、むしろそのほうがやりやすいでしょう。

予定の時間がきたら、今日の成果（アイデアの量と質）をみんなでおさらいし、次ステップの進め方を共有してブレストはおしまいです。時間があれば、ブレストの感想などを分かち合うようにします。

☞ファシリテーターは単なる板書係か?

こうやって見ているとファシリテーターの役割はあまりないように思えます。板書係だけ決めておけば、全員が参加者となり、特にファシリテーターはいらないように思う方もいらっしゃるかもしれません。

ファシリテーターがブレストに参加して、アイデアを出すのがいけないわけではありません。その場合は、アイデアを考えることに夢中になり、本末転倒にならないように気をつけてください。

ファシリテーターの本来的な役割とは、メンバーが中味（コンテンツ）に集中できるよう、進め方（プロセス）を舵取りすることです。誰かが手綱を持ってくれているからこそ、気がねなく思う存分発言できます。

これはブレストでもまったく同じで、個々のメンバーが進め方やルールを気にしすぎると、かえって自由な発想を妨げてしまいます。ファシリテーターは参加者がアイデア出しに注力できるよう、陰からルールの運用を見守ってあげるようにします。

F　ほら、また批判しちゃうんだから。イエローカードをもう1枚!
F　もう少し発展させられそうですか？　それとも切り口を変えますか？
F　これ以上出したら後が大変だと思っているんじゃありませんか。それは私が何とかしますから、安心して出してください。

☞活気あるブレストを演出しよう!

さらに大切なのは、ブレストのムードを演出し、盛り上げることです。楽しくなければ、良いアイデアは絶対に出ません。

そのためのテクニックもいろいろありますが、まずは"あなたが"場に臨む態度が肝心です。ファシリテーターが小難しい顔で腕組みをしてみんなを監視していたのでは、ブレストが盛り上がるはずがありません。

楽しいブレストをやろうと思ったら、まず自分自身が楽しむことです。ユニークな意見を集めようと思ったら、自分がそれを歓迎する気持ちでないとうま

くいきません。ファシリテーターの心のあり方や場への関わり方が場のムードをつくります。

　特に何もしていないように見えるのに、その人がいるだけでブレストが盛り上がる。そんなふうに触媒として場にいるのが、理想的なファシリテーターの姿ではないでしょうか。

図3-4 ファシリテーターの様子

Column-8 ● ツイッターでおむすび開発

　チームでアイデアを出す際に、自分たちの発想の枠に囚われないようにするには「異質なメンバーを入れるとよい」という話をしました。とはいえ、外部のクリエイターや消費者をそう簡単に呼ぶこともできません。そこで思いつくのがインターネット、中でもツイッターの活用です。

　ファミリーマートは自社のホームページとツイッターを使い、消費者からアイデアを募集しました。3,500件ものアイデアが集まり、それをもとに新しい「おむすび」を開発しました。

　しかも、アイデアを絞り込む過程で、2度の人気投票を実施しています。アイデアを出させっぱなしにするのではなく、選考過程にも消費者に関与してもらう。そうすることで「アイデアだけ吸い上げて、あとは企業が勝手に選んだ」という不満を解消したのです。

　「顧客との共創」は以前から言われてきましたが、インターネットの進展によって現実のものとなっています。これを活かさない手はありませんね。

（出所：『日経ビジネス』2011年1月10日号）

2 なぜブレストが上手くいかないのか

🕭 ブレストなんて、時間のムダだ!

　ブレストはシンプルな進め方で優れた成果が得られる、素晴らしいアイデア発想法です。うまく仕事に役立てているところも多いのですが、「この通りやったのに、うまくいかない」という声も少なからず耳にします。
　よくあるのが、「ブレストをやってみたけど、思うようにアイデアが出ず、これならそれぞれで考えたほうがマシだ」というものです。
　1人で10件くらいはアイデアを出せるのに、5人でブレストすると全部で20件にしかならなかった、といった失敗です。それでも質が上がっていればよいのですが、残念ながらそうともいえないケースが多いようです。これでは何のためにブレストをやったのか分かりません。
　あるいは、「結局、発想力のある人が1人でアイデアを出しまくり、後のメンバーはそれを拝聴しているだけ」といった失敗もよくあります。
　これも、1人で考えたほうが効率的であり、チームで発想する意味はあまりありません。スポットライトを浴びて、その人の自尊心は高まるでしょうが、そのためにやるのは時間がもったいないです。
　これらは、ブレストの使い方を間違っているせいでしょうか。それとも、ブレストそのものに何か重大な欠陥があるからでしょうか。あるいは、オズボーン氏が書き漏らした、何か別のノウハウを組み合わせないと、うまくいかないのでしょうか。

☛本当にブレストになっていますか?

　もちろん、正しいやり方でブレストをやっていなければ、期待通りの効果が得られるはずはありません。たとえば、次のようなケースは論外です。まずは思い当たる節がないかチェックしてみてください。

- 参加者がブレストの趣旨を理解していない。
- 4つのルール（中でも「批判厳禁」）が守られていない。
- ブレストに不向きなテーマでアイデア出しをやっている。
- アイデアを出せるだけの知識を持ったメンバーがいない。　など

　ところが、正しいやり方でやっているのに、期待通りの効果が出ないということがよくあります。それはいったいどうしてなのでしょうか。

図3-5 │ 失敗したブレスト

☛意外に知らないブレストの落とし穴

　チームでブレストするよりも、１人でブレストをして足し合わせたほうが、アイデアの量も質も高くなる。
　この話は、なぜか一般にはあまり知られていませんが、専門家の間ではもはや常識となっています。社会心理学の数多くの実験により何十年も前に実証されているのです。
　チームでブレストをやると、チーム活動を阻害する３つの効果が生まれてしまうことが知られています（キース・ソーヤー『凡才の集団は孤高の天才に勝る』ダイヤモンド社）。

１)待ち時間が生まれる　〈生産性阻害〉

　皆さんは、「せっかく良いアイデアがひらめいたのに、他の人が長々と話をしていて、発言する機会を失ってしまった」という経験はありませんか。会議では、一時に話せるのは１人のメンバーだけです。誰かが発言しているときは、発想や発言がブロックされてしまうのです。
　それに、ブレストではすべてのアイデアを記録するようにします。ようやく発言の機会が巡ってきたと思っても、前の発言を書き終わるまでは待っていないといけません。みんなでアイデアを出すことで、待ち時間が生まれてしまい、個人の生産性は大幅に低下してしまうわけです。

２)発言を抑えてしまう　〈社会的抑制〉

　「こんなことを言うと笑われるかなあ…」とアイデアを披露するのを躊躇することがよくあります。「これは前に出たものと同じだし…」と勝手にアイデアを落としてしまうこともあります。
　チームでは常に**集団圧力**という名の無言のプレッシャーが個人にかかっています。いくら自由奔放といわれても、アイデアを披露することを規制してしまうのです。社会的抑制と呼ばれる、集団が持つマイナス効果の１つです。

３)サボってしまう　〈社会的怠惰〉

　アイデアをポンポン出す人がいると、残りはどうしても「あいつに任せておけばいいか…」と"手抜きモード"になりがちです。みんなで御神輿をかつぐはずが、御神輿にぶら下がっているフリーライダー（ただ乗り）が現れてしま

うのです。

　これもなかなか頭の痛い問題です。サボれないようにするか、サボっている人の知恵が必要な状況をつくるか。どちらかをしないと、「三人寄れば文殊の知恵」とはいかなくなってしまいます。

☛ブレストの醍醐味を味わおう！

　だからといって、チームでブレストすることに意味がないわけではありません。第1章の復習になりますが、チームでブレストする良さをおさらいしておきましょう。

1) 幅広いアイデアが集まる　〈多面的視点〉

　いろんな人がいろんな視点からアイデアを出すことで、メンバー1人ひとりが多様な視点でアイデアを出せます。多面的な視点でテーマを考えることにより、網羅的にアイデアが出せます。既存の要素を多彩に組み合わせるには、みんなで考えるのが一番の方法です。

図3-6 ｜ 3つの阻害要因と3つの促進要因

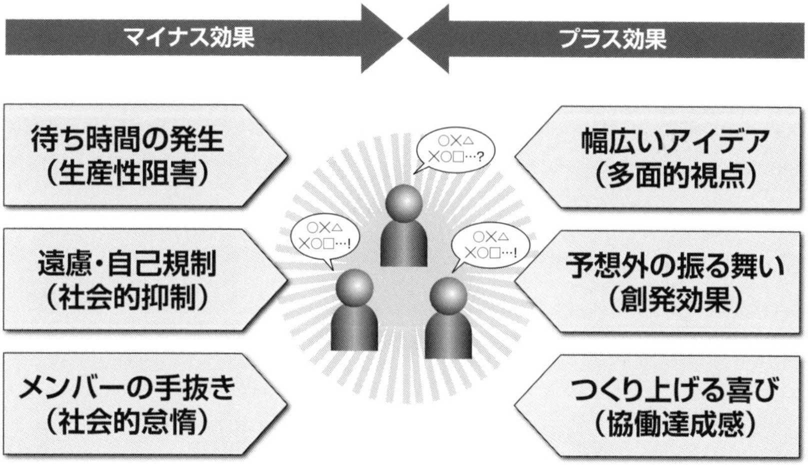

マイナス効果　　　　プラス効果

- 待ち時間の発生（生産性阻害）
- 遠慮・自己規制（社会的抑制）
- メンバーの手抜き（社会的怠惰）

- 幅広いアイデア（多面的視点）
- 予想外の振る舞い（創発効果）
- つくり上げる喜び（協働達成感）

またそれは、個々のメンバーの気づきや学びにもなります。自分の視野を広げることにもつながり、個人の発想力も鍛えられます。

2）思わぬアイデアが生まれる　〈創発効果〉

ある人のアイデアに触発され、別の人がさらに面白いアイデアを出す。そうやってアイデアがどんどんエスカレートしていき、思いもつかないようなアイデアが飛び出すことがあります。連想ゲームのノリによる効果です。

ブレストの醍醐味は、まさにここにあります。予定調和にならず、予期せぬ事件が起きるのがブレストの真骨頂だといってもよいでしょう。

3）つくり上げる喜びがある　〈協働達成感〉

1人でアイデアをひねり出すのは苦しいものです。ついつい「こんなもんでいいか」とサボりたくなります。みんなでワイワイと楽しくやれば、「もう少し踏ん張ってみようか」という気にもなれます。

また、人は「協力し合いたい」「人の役に立ちたい」という根源的な欲求を持っています。最終的には誰かの案が採用されるとしても、それはみんながパスを回すうちに、たまたま誰かがシュートしただけ。すべてのアイデアはみんなでつくり上げたものです。協働作業による達成感があるからこそ、チームでブレストをやるのが楽しいのです。

☞ 進化型のファシリテーターを目指して

つまり、ブレストで期待する成果を収めるには、3つの阻害要因を抑えつつ、3つの促進要因を高めないといけないことになります。その役割を担うのが、まさにファシリテーターです。ブレストのファシリテーションがある程度できるようになったら、次に目指すべきはここです。

ファシリテーターの対処法は大きく2つに分かれます。1つは、ブレストの企画・設計（デザイン）段階において対応していくやり方です。いわば**構造的な対処**です。もう1つは、ブレストをやっている中で、チームや個々のメンバーに働きかけていくやり方です。いわば**方法論的な対処**です。

どちらのやり方も重要であり、両方があいまって、ブレストらしいブレストになります。筆者の経験に基づき、"本物"のブレストをやるためのポイントを紹介してきましょう。

図3-7 | 成功したブレスト

Column-9 ● あったらいいなをカタチにする

　ユニークな名前のヒット商品を次々と生み出す小林製薬。その秘密は、常に新製品のネタを全社員で考える「社内提案制度」にあります。なんと、新製品のアイデアや社内の業務改善に関する提案が年間4万件近く集まるそうです。優秀なものには最高100万円の賞金、優秀なアイデアを出し続けている人には社長主催の夕食会に招待というご褒美も用意されています。

　こうした制度を設けている会社は珍しくなく、大切なのはアイデアを出そうという風土を現場に根づかせることにあります。そこに秘策はなく、トップのコミットメント、考える仕掛けづくり、ミドルの率先垂範、社内教育などを愚直に続けるしかありません。そうやって社員全員が「考えるクセ」をつけることで、同社が標榜する「全員参加経営」が実現できるのです。

　　　　　　　（出所:『日経ビジネス』2009年9月14日号)

3 本物のブレストをデザインする

☞ **個性あふれる多様な人を集める**

　アイデアを出すのに貢献できるメンバーを集めないとブレストはうまくいきません。技術、マーケティング、財務といったように、それぞれが何かの専門家であり、その領域が違っているというのが理想的です。それも、本当のエキスパートでないと意味がなく、組織の代表というだけで、肩書きだけの人を集めても仕方ありません。

　かといって、専門家だけ集めてもうまくいかないこともあります。エキスパートであるがゆえに、互いに遠慮し合ったり、暗黙の前提が足かせとなったりして、アイデア出しが行き詰まってしまうというパターンです。

　そうならないよう、空気の読めない素人や未来のステークホルダー（利害関係者）を入れておくことをお勧めします。その方々からの「なんで、そんなこともできないの？」といった"天然"の素朴なアイデアは、暗黙の前提を打ち破るのに大いに役立つことでしょう。

　いつも顔を合わせている同じ部署の人だけでやる場合も、できることなら、よそから助っ人を呼んだり、門外漢（非正規社員など）を1人入れたりしておきたいところです。それも難しければ、1人ひとりに役割（性別、年齢、職業など）を振るという手もあります。

　ちなみに、個性的なデザインを生み出すIDEO社では、チームづくりにおいて「8つの風変わりな個性」を大切にしているそうです。預言者、トラブルシューター、因習破壊者、人の心を読む人、職人、テクノロジーマニア、企業家、違うタイプの服を着こなす人、の8人です（トム・ケリー他『発想する会社！』

早川書房)。みなさんの周りにそんな人がいたら、チームに引っぱり込むことを考えてはいかがでしょうか。

☛ **リラックスできる場を演出する**

会議というと多くの方がイメージするのが、机を口の字型に並べるレイアウトです。あれでは、物理的にも心理的にも互いの距離が遠い上に、真ん中が空いているために一体感が醸成されにくく、自由奔放なブレストになりません。ブレストをやるときは、面倒でも模様替えをするようにしましょう。

ブレストに適しているのは、1つの大きな机（2～3台の机を寄せ集めてつくってもよい）を全員で取り囲む**ラウンドテーブル型**です。あるいは、机なしで椅子だけを扇型に寄せ集める**シアター型**です。後で紹介しますが、短時間なら立ってやるという方法もあります。

ラウンドテーブル型の場合、机の上から書類やパソコンといった余計なものを片づけ、モデル、サンプル品、現場写真、雑誌など、発想の刺激になるものを置いておきます。折り紙、花、オモチャ、ボール、ぬいぐるみといった、気分転換になるものを置くのも1つの方法です。もちろん、お茶やお菓子もOK。リラックスできるような環境を演出するように知恵を絞りましょう。

図3-8 | ブレストにふさわしい空間

提供　株式会社イトーキ

第3章　アイデアを発想する　091

☛アイデアをすべて見せるスペースを

　ブレストでは個人でノート（メモ）をとるのは禁止。アイデアに集中できなくなるからです。その代わり、アイデアをすべて見えるようにしておきます。一目で全体像がつかめ、アイデア同士のつながりが見つけやすくなります。そのためにはホワイトボードもしくは模造紙を使うのがお勧めです。フリップチャートは面積が小さめですが、たくさん貼れば大丈夫です。

　ホワイトボードは、たいていの会議室に常備してあり、書いて消せるのが何よりもありがたいです。反面、スペースが限られてしまい、アイデアがどんどん膨らんでいくと収まらなくなることがあります。そういうときのために、2〜3台用意しておくと安心です。

　その点、模造紙はいくらでも記録スペースが増やせ、ブレストにはもってこい。2〜3枚並べて壁に貼っておきましょう。壁一面を真っ白の模造紙で埋め尽くせば、アイデアを出す機運も高まります。机の上に模造紙を広げるやり方もできないわけではありませんが、逆方向から文字が見えづらいため、発言量に差が出やすいという難点があります。

　最近は、パソコンを使ってアイデアを記録していくことも多くなりました。そのためのソフトも販売されています。後を考えてのことだと思いますが、タイピングのスピードにより生産性の阻害が起きやすくなります。アイコンタク

図3-9 | スペース取り

トが減る、室内を暗くするためムードが沈滞化しがち、といったデメリットもあります。ライブ感が損なわれると創発が起きにくく、ブレストだけを考えるのなら、あまりお勧めはできません。

☛マンダラ型で「見える化」する

あわせて、アイデアの記録の仕方のお話をしておきます。

単にアイデアを箇条書きしたのではブレストの持ち味を活かせません。**マンダラ型**がブレストに適しています。中心に書かれたテーマから、切り口に応じてアイデアを四方八方に書き分けて、広げていくやり方です。

まず、記録スペースのど真ん中にテーマ（問い）を書きます。誰かがアイデアを出したら、上下左右斜めのどこかに、とりあえず簡潔にアイデアを書きます。次のアイデアが、それに近いものであれば、近くに寄せて書きます。このとき、アイデア同士を線で結んでも構いません。

逆に、まったく違った種類のものであれば、上下左右斜めの違った位置に書きます。近いかどうかは直観な判断でOK。そうやって、アイデアを何となくグループ化しながら書いていきます。アイデアが出切ったところで、できあがったグループを枠で囲んだり見出しをつけたりすると、さらに分かりやすくなります。アイデアやグループ同士をつなげて、新たな発想に誘うこともできます。

このマンダラを、もう少しキッチリとやっていくのが、トニー・ブザン氏が提唱する**マインドマップ**です。

やり方はマンダラと同じなのですが、"幹"となるアイデアとそこから派生する"枝"となるアイデアを区分けして、系統図のように仕上げていくところに特徴があります。神経細胞のつながりのようにアイデアを構造化することで、連想を促し、発想を広がりやすくするのです。

いずれのやり方にしろ、直観的に分類をしながら書いてくため、後で「やっぱり、こっちに近いよね」とアイデアを移動させたくなる場合があります。こういう場合に便利なのが付箋です。

付箋であれば、グループの組み替えも、アイデア同士の組み合わせを考えるのも簡単。後でもう一度整理し直すことを考えて、あらかじめ付箋にアイデアを書いて貼り付けておくのも賢い方法です。

図3-10 | マンダラ型あれこれ

マンダラ

マインドマップ

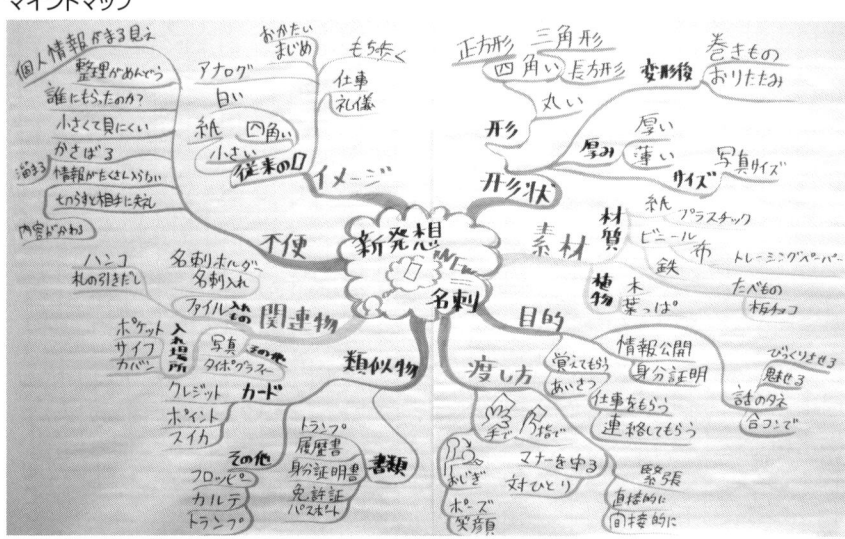

付箋を使ったもの

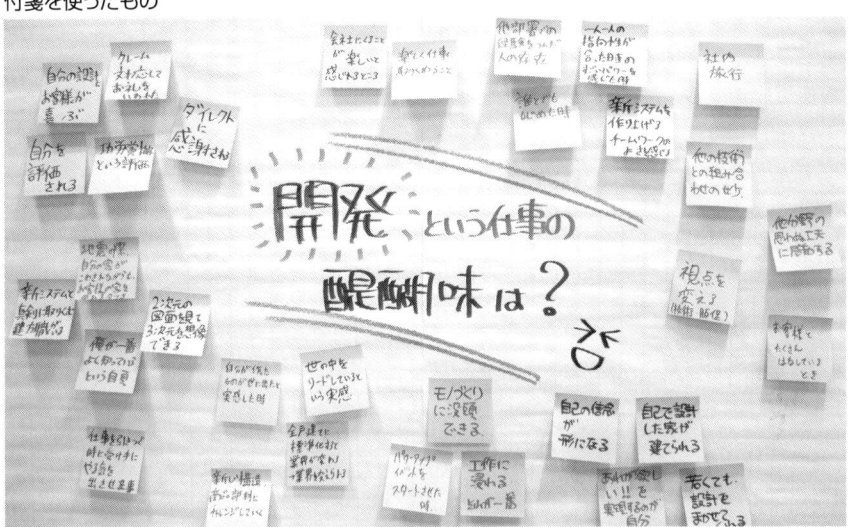

複合型

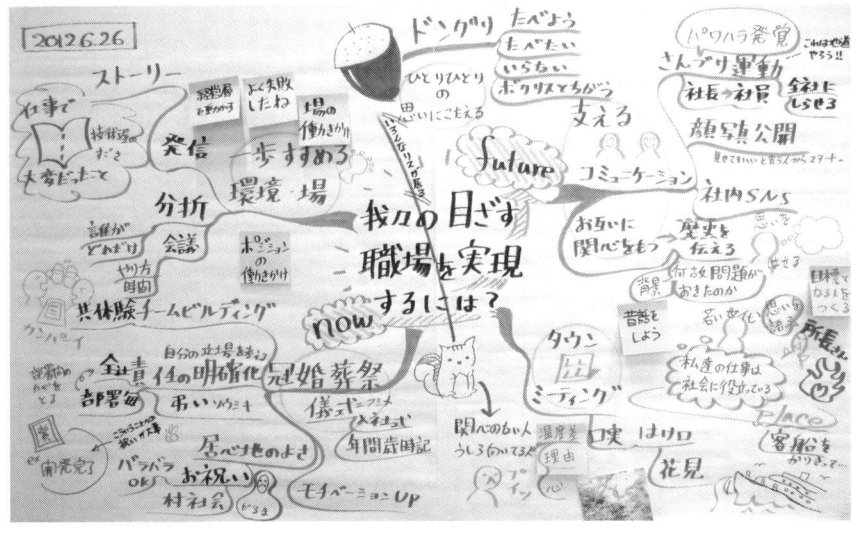

第3章 アイデアを発想する

☛創造力を引き出す問いを立てよう

　効果的なブレストをするにはテーマ設定がポイントとなります。
　たとえば、「どうやったら我が社は儲かるのか?」といったテーマでは抽象的すぎて、相互作用が生まれにくくなります。かといって、「売上を30％アップさせるために休日を使って関西エリアで費用をかけずにできることは?」では、制約が多すぎて自由奔放になりません。
　テーマの抽象度は文字数でコントロールするのが分かりやすく、20～30文字が１つの目安となります。マンダラ型でテーマを書いたときに、２～３行程度になる文字数です。
　といっても、「なぜ、新製品の不良率が下がらないのか?」といった、１つの答えを得るために論理を詰める分析的なテーマは向きません。「私たちはアジア市場に打って出るべきか?」といった、イエス・ノーで答える質問も同様です。「スマートフォンでできる新しいサービスは?」といった自由な発想を促す創造的なテーマがブレストにはうってつけです。
　さらにいえば、「実家の母と仲直りするには?」のように、個人で考えられるものは、みんなでやる必要はありません。「世の中にあるサービスの中で、駅ナカで展開できるものは?」といったように、しらみつぶしに検討するための頭数をそろえるものも不向きです。「各部署で売上アップに貢献できることは?」といった分業や役割分担で考えるテーマもブレストに向きません。
　問いにはテーマを考える前提が盛り込まれています。どこまで前提を壊すかによって、出てくるアイデアの広がりが大きく変わってきます。いかに創造力を高める問いが立てられるか、ファシリテーターの真価が問われるところです。

　　●どうしたら我が社の製品がもっと売れるか?
　　　→我が社の製品をもっと広めるには何をすればよいか?
　　　→顧客に我が社を愛してもらうために何ができるか?
　　　→顧客の創造に向けて、私たちができることって何?

☛ 思いつきではアイデアは出ない

　ブレストをいきなりやったのでは思いつきばかり集まります。事前に考えてきてもらったほうが、アイデアの量も質も高まります。できることなら、テーマはメンバーに事前に知らせておいて、ある程度アイデアを考えてきてもらいましょう。
　1人最低何件といった宿題にしておくのも良いやり方です。それができないときは、1人で考える時間をとるのも良い方法です。
　だからといって、1人ずつ順番に宿題の成果をまとめて披露し合ったのでは活気あるブレストになりません。やるなら、必ず1人1件ずつアイデアを出し合うこと。そうしないと、後になればなるほどアイデアが出しにくくなります。持ってきたアイデアを滔々と説明する人がいたら、全員で考える時間がなくなってしまいます。
　しかも、一通り出切ったところからが勝負。他の人のアイデアをヒントにして、どんどんアイデアを膨らませていきましょう。それこそがブレストの醍醐味であり、それをしなければみんなで集まる意味がありません。
　そのための10大スキルを次節で紹介します。

Column-10 ●ドラえもんのひみつ

　アイデア出しに行き詰まったら、ドラえもんにならってみてはどうでしょうか。藤子・F・不二雄監修『ドラえもん　最新ひみつ道具大事典』（小学館）には、ドラえもんのひみつ道具がたっぷり1,600個載っています。常識を外してくれるアイデアや、ウ〜ムとうならされるネーミングが満載です。
　一方、自分が馴染みのない世界に触れ、「へ〜、こんなこともあるのか！」というヒントを得るには、雑学系の本がお勧めです。『雑学全書—天下無敵のウケネタ1000発』『アラマタ大事典』『アシモフの雑学コレクション』などいろいろあります。

4 クリエイティブ・ファシリテーション

基本スキル① バインド

　まずは、全員をしっかりとスタートラインに立たせるようにします。ブレストのルールや本日のテーマを伝えるのはもちろんのこと、うまく"そそのかす"ための技が必要となります。

　そのために一番大切なのは、ブレストを始める前に、ゴールのイメージを共有することです。具体的には、今日ここで狙うアイデアの数です。

　それもかなり高めに設定をして、やる気を引き出していきます。5人で30分やるなら100個くらいが目標として適当です。できれば、一方的に押しつけるのではなく、参加者自身に決めてもらうようにします。そのときに、少し挑戦心や反発心をあおっておくと、エネルギーが高まります。

F　いくつぐらいいけますか？　え、たったそれだけ？　もう一声！
F　営業部では○○個でしたが、さあ、皆さんはどこまでいけるかな？
F　これくらいできなかったら、企画部の名がすたりますよね。

　アイデアの質についても、必要であれば、期待するレベルを少し伝えておくのも悪くないです。本来、ブレストではアイデアの良し悪しを評価はしませんが、どうでもよいようなアイデアばかり山ほど集まっても意味がありません。それに、人は評価基準があったほうがやる気が高まります。さりげなく、期待されるアイデアのレベルや方向性を伝えるようにします。

F　今日は実現性よりもユニークさをブレストに期待しています。誰が一等賞をとるでしょうかね。

F　たとえば、○○○といった斬新なアイデアが以前にありました。今日はそれを超えるアイデアが出ますかね。

　ブレストの進め方についても、誤解をする人がいそうなときは、共有しておいたほうがよいかもしれません。

　よくある失敗は、たくさんアイデアを出せばよいとばかり、テーマを、性能、デザイン、サービスなどの構成要素に理詰めで分解して、1つひとつバリエーションを考えようとすることです。間違いではありませんが、最初からそれをやると、創造的にアイデアを出すムードになりません。

　あるいは、現状の問題点や原因を洗い出してから、問題解決型で議論をし始める人もいます。これもいけないわけではないのですが、アイデアの範囲が狭

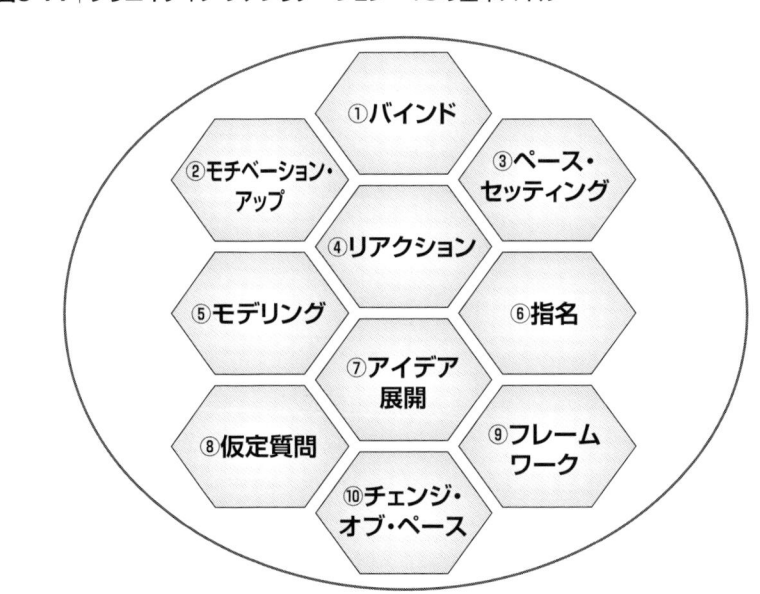

図3-11｜クリエイティブ・ファシリテーション　10の基本スキル

①バインド
②モチベーション・アップ
③ペース・セッティング
④リアクション
⑤モデリング
⑥指名
⑦アイデア展開
⑧仮定質問
⑨フレームワーク
⑩チェンジ・オブ・ペース

くなり、ユニークなアイデアは生まれにくくなります。ひどい場合には、問題点の洗い出しでひっかかり、肝心の解決策に進むことを忘れてしまう人たちもいます。こういう進め方がクセになっている人が多いようなら、さりげなく禁止しておきましょう。

> F　まさか、テーマをモレなくダブリなく要素分解してアイデアを出そうとしていませんよね。今日はロジカル・シンキングを使うのではなく、クリエイティブ・シンキングでお願いします。
> F　私たちビジネスパーソンは、原因を探ってから方策を考えるというやり方が染みついています。これってほとんど職業病。今日はこのやり方から離れましょう。

このように、自由奔放なアイデアを出すには、逆説的ですが、何らかのガードレール（制約）が要ります。自由すぎると、何をしてよいか分からず、かえって不自由になるからです。参加者に一定の**バインド**（拘束）をかけることで、内なる力を引き出していきましょう。

基本スキル②　モチベーション・アップ

　ブレストは参加者の気持ちによって成果が大きく違ってきます。テンションが低そうなら、やる気のスイッチを入れるための仕掛けが必要となります。
　発想のトレーニングをしたり、軽いお題でブレストの練習をしたり、1人で考える時間をとったり…。だまし絵やアハ画像（ある瞬間に「分かった！」となる画像）を使ってクイズをするのもスイッチを入れるのに効果的です。こういったものを**アイスブレイク**と呼び、代表的なものを後で紹介します。
　「さあやるぞ！」というムードにするのに効果的なのが、場の設定を変えることです。机を片づけてホワイトボードの前に椅子だけを並べる。机の上のいらないものをすべて片づける。壁一面に模造紙を貼り出す…。みんなで場面転換をすることで気が引き締まってきます。
　あるいは、全員が立ってやるのも良い方法です。NHKの教養番組「スタンフォード白熱教室」でも紹介されており、びっくりするほど大きな効果を生み

ます。参加者全員がペンを持って記録スペースの前に立つのです。

　ペンを持って立てば「やらなければ…」という気持ちが芽生えてきます。しかも各自でアイデアを書くのですから、待ち時間が発生しません。ペンの色を違えておけば、誰がたくさん出したか一目瞭然となり、手抜きがしにくくなります。結果的に、互いに遠慮をしているヒマもなくなり、社会的抑制も働きにくくなります。

　番組では「エネルギーを高めるため」と説明していましたが、それだけではありません。ブレストの３つの阻害要因を一挙になくす優れた方法でもあるのです。

　全員で立ってやる場合は、黙々とアイデアを書くのではなく、ちゃんと声をかけ合って書いてくことが大切です。そうしないと、重苦しい、つらいだけの作業になってしまいます。普段の会議では使いづらいかもしれませんが、ワークショップをやるときに試してみてください（疲れるなら、地べたで紙を広げてやるのでもOK）。

図3-12 | **全員がペンを持って立つ**

[基本スキル③] **ペース・セッティング**

　ブレストがスタートしたら、ファシリテーターはアイデアをカウントしながら、もれなく記録していきます。「アイデアの数を記録する」というのもブレストを盛り上げる大切なコツです。
　1人の発言がきっちりと書かれるまで全員で待つようでは、活気あるブレストになりません。できるだけ待ち時間が生まれないよう、発言は短く切って、スピーディに書いていきます。
　ファシリテーターに何より求められるのは速く書くこと。アイデアを出すにはテンポが重要で、それはファシリテーターの板書のスピードで決まります。
　それができない人は、記録者を別に置くか、参加者とやりとりしながら書くしかありません（このほうがスキルが求められるかも？）。それも難しければ付箋に書いて出してもらうか、全員でペンを持つようにしましょう。

F　いいですねえ。じゃあ、○○ということで、ここに書いておいていいですか？
F　なるほど、○○ということですね。それは、どのあたりに書いておけばよいでしょうか？

図3-13 ｜ 速く書く！

基本スキル④ リアクション

　アイデアが出されたときに、どういうリアクションをファシリテーターがとるかで、場のムードが変わってきます。リアクションがなかったり、ネガティブなリアクションを返したのでは、場のテンションがどんどん下がってしまいます。知らず知らず、こういう反応をしている人は多いのです。

　×　ふ～ん。（黙々と書く）
　×　はあ、○○ですか…（苦笑）。まあ、書いておきましょうかね。

　出されたアイデアに対してポジティブなリアクションを返すようにしましょう。笑顔で大げさにほめると、場の温度が上がっていきます。

　○　なるほど、○○ということですね。いいじゃないですか！
　○　お、そう来ましたか。それはユニークですね。

　皆さんは「リアクションがモチベーションを生む」という法則をご存じでしょうか。
　たとえば、みんなの発想が広がらなくて困っているときに、偶然出てきた突飛なアイデアに対して「それは、スゴイ！」と驚いてみせます。そうすると、嬉しくなってもっと突飛なアイデアを出そうとします。
　ファシリテーターのさりげないリアクションによって行動を強化することができます。一般的には、こういった誘導的な行動をしないほうがよいといわれていますが、場を盛り上げるためなら許される範囲でしょう。
　少々気恥ずかしいですが、1つアイデアが出るたびに拍手をする、必ず「いいね！」と言って受けとめる、といったルールを全員に課すのも良い方法です。皆さんなりの楽しいルールを考えてみてはいかがでしょうか。
　中には、批判厳禁のルールを守らず、ネガティブなリアクションを返す人もいます。そういう場合は、柔らかく釘を刺すようにしましょう。

F　ほらほら、課長がそう言うから、空気が冷めちゃったじゃないですか。今日は批判厳禁。「いいね！」と言ってあげてくださいね。

基本スキル⑤ モデリング

　同じような効果を持つものにモデリングがあります。ファシリテーター自らが手本となる行動を示す行為です。
　期待するアイデアの方向を示すために使う場合もあれば、わざとくだらないアイデアを出して「なんだ、そんなのでもいいのか」と心理的なハードルを下げるために使う場合もあります。後者の場合、ブレストが始まってすぐにやると、緊張をほぐすのにも効果的です。

F　たとえば、○○○というのは、素敵だと思いませんか？
F　じゃあ、こんなのはダメ？　さすがにこれはヤバイか！

　このときに、間違っても目の覚めるような素晴らしいアイデアを出さないこと。「そんなすごいアイデアを出さないといけないのか」と思われ、場が凍ってしまったり、ファシリテーターへの依存を生みかねません。

基本スキル⑥ 指名

　ブレストでは、みんなが自由に発言するのがベスト。ファシリテーターがいちいち指名をして発言を振っていたのでは、テンポが悪くなってしまいます。
　とはいえ、エンジンがかかるまでは、ファシリテーターが発言を振って、話しやすくする場合もあります。そのときは、上役やベテランから振るのは好ましくありません。たいていは、場の温度を下げてしまい、堅苦しい雰囲気が生まれてしまうからです。軽いアイデアを出せる人から振るようにします。

F　課長から始めるとみんな発言しにくいので、○○さん、口火を切ってもらえませんか？

問題はその後です。ブレストは合意形成の場ではないので、必ずしも順番に発言を振ったり、全員が平等に発言する必要はありません。

　時々、トーキングアイテム（それを持っている人に発言権がある）を使って、アイデアを順番に出させている人がいます。それも悪くないですが、アイデアを出せない人に無理に発言を求めても、あまり良いアイデアが出てきません。トーキングアイテムを使う場合は、「パスあり」にしておくか、順番に回すのではなく、ボールを使って投げ合うようにしたほうがうまくいきます。

　さらによいのは、それぞれの持ち味を活かした場への貢献をファシリテーターが促すことです。

図3-14 | タイプに応じた促し方（例）

タイプ	促し方
機関銃男	どんどん出してもらうのは結構ですが、みんなが考える時間も要るので、タイミングをよろしく。
トリックスター	行き詰まってきたので、ここで局面を大きく変える奇抜なヤツをお願いします！
引っ込み思案	共感できるアイデアがありませんか？　それに何か付け加えられませんかね？
自称専門家	このテーマをよくご存じであるからこそ、あえて今までに聞いたことのないアイデアって、出せませんか？
コメント魔	貴重なコメントありがとうございます。で、そこから、どんなアイデアが導けそうですか？
話し好き	なるほど、要は○○ということですよね。それで、私が伺いたいのはアイデアなんですが、何かありますか？
専制君主	ご年輩の○○さんには、アイデアが出そろった段階で、総合コメントをお願いできると嬉しいですね。
皮肉屋	まるで批評しているように聞こえますが、そこから面白いアイデアを出そうとされているのですよね？
ロジカル野郎	さすがですね、理屈はおっしゃる通りです。その洞察に基づいて直観でアイデアって出せますか？

第3章　アイデアを発想する

たとえば、口火となる新しいアイデアを出すのがうまい人と、それを発展させるのがうまい人がいます。あるいは、ボケるのが得意な人と、ツッコむのが好きな人がいます。どこでどう発言を振るか、誰にスポットライトを当てるかファシリテーターの力量が問われます。

　F　少し行き詰まったので、○○さん、方向転換をお願いします。
　F　さあ、そろそろ○○さんが、目が覚めるようなアイデアを出しますよ。では、お願いします！

基本スキル⑦　アイデア展開

　順調にアイデアが出ていたのに急に止まってしまった。そんなときは、励ましたり、あおったりするのもファシリテーターの務めです。

　F　あれ、まだ○○個ですよ。さあ、あと○○個頑張りましょう。
　F　あらあら、もうギブアップですか。まだ20分もあるのに…。

　とはいえ、何か糸口がないと、出ないものは出ません。次のようなおマヌケな質問をしたのでは、余計に出なくなってしまいます。

　×　何か（良いアイデアは）ありませんか？
　×　○○さん、いかがですか？　何でもいいですから。

　アイデアの引き出し方は大きく２つです。１つは、今あるアイデアをもとにして、その発展形のアイデアを引き出すことです。樹木でいえば、枝（具体的アイデア）を伸ばす方法です。

　F　今のを、もう少し具体的にいうと、たとえばどんなことですか？
　F　今のは、○○ということですね。その観点で他にありませんか？
　F　今の○○さんのアイデアから広げられるものはありませんか？

もう1つは、枝は十分調べつくしたので、新しい幹（抽象的アイデア）を足す方法です。

F　これらは、要するにどういうアイデアなんでしょうか？
F　これらはすべて○○ですよね。まったく違う切り口はありませんか？
F　○○という観点があるのなら、△△という観点もあるのでは？

幹から枝へ、枝から幹へ。具体化と抽象化を組み合わせれば、アイデアはいくらでも広げられるはずです。

F　それは、ザックリいえば○○という話ですよね（抽象化）。では、その観点で、他にアイデアは考えられませんか？（具体化）

図3-15 アイデアの広げ方

基本スキル⑧ 仮定質問

　あわせて使いたいのが、仮定法の質問です。仮の状況に身を置くことで、発想の制限を取り払い、アイデアを出しやすくするのです。

- F　もし、あなたが○○の立場だったとしたら、どんなアイデアが考えられますか？
- F　仮に、私たちが○○の状況に置かれたとしたら、いったい何ができるでしょうか？
- F　たとえば、○○が△△だとしたら、どんな手がありますか？　それは□□だったら、どう変わりますか？

　こんなふうに、5W1H（When：時間、Where：場所、Who：人、What：対象、Why：目的、How：方法）を使って状況を仮定すると、質問が組み立てやすくなります。

　このときに、極限を仮定すると面白いアイデアが飛び出しやすくなります。極端な状況をイメージすることで、前提条件をすべて取り払って考えようというのです。

- F　もし、あなたが何でもできるとしたら、どんなことをやってみたいと思いますか？
- F　仮に、すべての制約がなくなったとしたら、私たちにいったい何ができるでしょうか？
- F　たとえば、わずか1％の成功確率でよいとしたら、どんな手が考えられますか？

基本スキル⑨ フレームワーク

　アイデアが行き詰まったときに、ファシリテーターが新しい切り口を示すのも良い方法です。たとえば、ブレストの考案者であるA・オズボーン氏は、**オズボーンのチェックリスト**と呼ばれる、発想を広げる9個の切り口（質問リスト）を示しています。

　それを少し整理し直したのが、発想のフレームワークとしてよく用いられているSCAMPER（スキャンパー）です。ファシリテーターとして腕前を上げたければ、これらをソラで言えるぐらいを目指してほしいものです。

- **S**（Substitute） ………………… 代用できないか？
- **C**（Combine） ………………… 結合できないか？
- **A**（Adapt） ………………… 応用できないか？
- **M**（Modify/Magnify） ………… 修正／拡大はできないか？
- **P**（Put to other uses） ……… 転用できないか？
- **E**（Eliminate/Minify） ………… 削除／削減はできないか？
- **R**（Reverse/Rearrange） …… 逆転／再編集できないか？

　他にも、いろんな人がさまざまな切り口を開発しており、詳しくは図3-16をご覧ください。こういった発想のフレームワークが使いこなせるようになると、アイデア出しの幅が大きく広がります。

　ただし、これらを全部覚えるのは大変です。覚えたとしても、自分の得意な切り口に偏ってしまい、案外発想が広がらないかもしれません。

　そこで用意したのが巻末の別冊付録「アイデア発想力を高める　視点カード252」です。普段よく使う物事の切り口をカードの形でまとめたものです。

　これを手元に置いておけば、抜けていたり偏っていたりする視点に気づき、おのずと発想は広がります。ランダムに取り出して、強制的に発想することもできます。後でアイデアを整理したり評価したりするときの切り口にもなります。発想力を高めるツールとして活用していただければ嬉しいです。

図3-16 発想の切り口あれこれ

● SCAMPER

- Ⓢ 代用できないか？ (Substitute)
- Ⓒ 結合できないか？ (Combine)
- Ⓐ 応用できないか？ (Adapt)
- Ⓜ 修正／拡大はできないか？ (Modify／Magnify)
- Ⓟ 転用できないか？ (Put to other uses)
- Ⓔ 削除／削減はできないか？ (Eliminate／Minify)
- Ⓡ 逆転／再編集できないか？ (Reverse／Rearrange)

● ERRC

- 取り除く (Eliminate)
- 減らす (Reduce)
- 増やす (Raise)
- 創造する (Create)

● ファンタジアの法則

① 逆転	④ 色彩の交換	⑦ 機能の交換	⑩ 異なる要素の融合
② 増殖	⑤ 素材の交換	⑧ 動きの交換	⑪ 重さの変更
③ 視覚的な類似関係	⑥ 場所の交換	⑨ ディメンションの交換	⑫ 関係の中の関係づくり

● SQVID

簡素 (Simple)	質 (Quality)	構想 (Vision)	個性 (Individual attributes)	変化 (Delta)
↕	↕	↕	↕	↕
精巧	量	実現	比較	現状

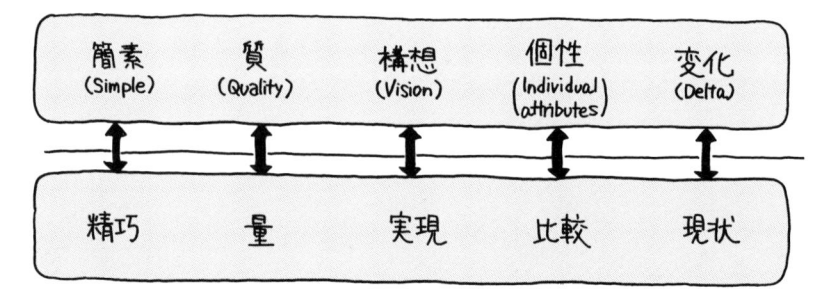

● 6つの帽子

- 白（情報）
- 青（戦略）
- 赤（感情）
- 緑（創造）
- 黄（積極的）
- 黒（消極的）

6つの帽子

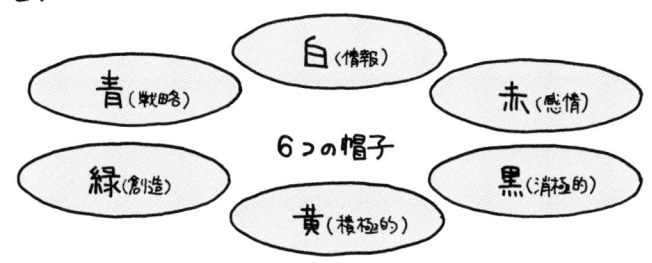

● トンプソン37の変換要素

① 伸ばす、縮める
② ロマンにする、ホラーにする
③ 結合する、分割する
④ 児童を対象に、高齢者を対象に
⑤ 防寒処理する、耐熱処理する
⑥ 光を当てる、暗くする
⑦ 速くする、ゆっくりする
⑧ 右回りにする、左回りにする
⑨ 鋭くする、鈍くする
⑩ 凍らせる、溶かす
⑪ 綴りを間違える、正しく綴る
⑫ 甘くする、苦くする
⑬ 均衡を取る、均衡を崩す
⑭ きつく締める、緩める
⑮ 無理強いする、リラックスする
⑯ 積み上げる、突き崩す
⑰ 結ぶ、ほどく
⑱ 飛び越える、くぐり抜ける
⑲ 値上げする、安値にする
⑳ 音楽にする、絵を描く
㉑ ノスタルジックな雰囲気にする、SF的にする
㉒ 強くする、弱くする
㉓ 携帯用にする、固定にする
㉔ 個性的にする、普遍的にする
㉕ 誇張する、控えめにする
㉖ セックスアピールを付加する、セックスアピールを取り除く
㉗ 単純化する、複雑にする
㉘ 面白くする、真面目にする
㉙ 壊れやすくする、壊れにくくする
㉚ 湿らせる、乾燥させる
㉛ 包む、突き刺す
㉜ 使い捨てに、再利用可能に
㉝ 飛ばす、浮かばせる
㉞ 後ろ向きにする、横向きにする
㉟ 磁気化する、磁気を取り除く
㊱ 透明にする、見えるようにする
㊲ 前進させる、後退させる

第3章　アイデアを発想する

[基本スキル⑩] **チェンジ・オブ・ペース**

　そこまでやってもアイデアが出ないときがあります。そういうときは、ちょっとお休みするのが一番。これを**チェンジ・オブ・ペース**と呼びます。一本調子では行き詰まってしまうので、緩急を上手につけていくのです。

　たとえば、今まで出てきたアイデアを軽くグルーピングをして、どんなアイデアが出てきたか、どんなアイデアの傾向があるか、みんなで眺めてみましょう。俯瞰的に見ることで、きっと新たな切り口や抜けているポイントが見つかるはずです。

　壁一面に貼り出された模造紙を歩き回って見る**ギャラリーウォーク**をするという手もあります。体を動かしたり、見る視点を変えたりすれば、頭も心もリフレッシュされ、違った発想が芽生えるかもしれません。

　現場や現物が近くにあるときは、もう一度フィールドワークに戻り、情報や刺激を集めるのもよいでしょう。お茶やお菓子を出して完全に休憩してしまうのも手です。そうやって、緊張感を緩めたときに思わぬアイデアがフッと湧くことがあります。

図3-17｜ギャラリーウォーク

　ときには、一晩寝てから考えると、思わぬひらめきが現れることもあります。詳しくは次章で述べますが「寝かせる」というのはひらめきを生む優れた方法の1つです。寝かせることでアイデアの化学反応を呼び起こそうというのです。

　そうやって頭を休めた後は、すぐにブレストに戻るのではなく、1人ひとりで既に出たアイデアを眺めながら数分間考えてみるのも1つの方法です。個人で考える時間とみんなで考える時間をうまく組み合わせることで、アイデアの量も質も高まります。

☛ **得意なところから始めよう！**

　このように、ブレストは、細かいスキルの積み重ねによって成り立っています。シンプルな手法だけに、ファシリテーターに技やノウハウが求められます。

それを意識させないとしたら、素晴らしいファシリテーターです。

たくさんのスキルを紹介しましたので、次ページに、実際の場面を想定した組み合わせ方を紹介しておきます。ざっと眺めてみて、ファシリテーターの振る舞いの全体像をつかんでください。

だからといって、これを全部、この通りにやらなければいけないわけではありません。まずは、自分の心に残ったところや、できそうなところから始めましょう。１つやるだけで、ずいぶんと場が変わるはず。一時に全部やろうとせず、できるところから１つずつ積み重ねていくのが近道です。

そうしながら、自分だけのオリジナルのスキルやノウハウを見つけ出すことです。それを組織の中で共有して蓄積していきましょう。それが、ひいては、持続的にイノベーションを生み出す、創造的な組織風土のもとになるのです。

Column-11 ●ビジュアルをとっかかりに

"とっかかり"があれば、アイデアは出てきますし、深められます。それはキーワードや質問ばかりではなく、絵や音楽や物体であってもいいのです。

博報堂の宮澤正憲氏は「ビジュアルコラージュカード」という、抽象的な色や模様のイメージを集めたカード集を長年愛用しているそうです。テーマに関してあまり深く考えずに、感覚的に１つを選び出し、後からそれを選んだ理由を考えてみる。あえて後から理由を考えることで、深層にあるアイデアが顔を出してきます。同様に「マテリアルキット」という、いろいろな形や素材の物質を集めたキットも使うそうです。

筆者もいろいろな図柄の絵葉書を持っています。直観的に１枚選んでもらって、なぜそれを選んだのか語ってもらうと、意外に深い話が飛び出します。

（出所：『ブレーン』2012年２月号）

第3章 アイデアを発想する

図3-18 | クリエイティブ・ファシリテーションの実践

F：ファシリテーター、A・B・C：メンバー

F　本日は「"イキイキしたチーム"をみんなでつくるにはどうすればよいか？」をテーマにブレストをします。皆さんは4つのルールはご存じですよね。加えて、1つアイデアが出たら全員で「いいね！」と呼び合うことでいかがでしょうか？（→全員了解）

F　次に今日のゴールを決めましょう。今から30分やりますが、何個くらいいけますか？　①バインド

A　50個くらいかな。

F　そんな志が低くていいんですか。チームの名がすたりますよ。

B　じゃあ、100個行こうよ。それくらいやらないと。

F　さすが。では、100個で皆さんいいですね。（→全員了解）。

F　では、100個ということで。結構大変だと思いますから、ウォーミングアップをしてから始めましょう。イキイキとしていない"最悪のチーム"をブレストしてみましょう。　②モチベーション・アップ　アイデアマンのCさん、お願いできますか？　⑥指名

C　え、私から。最悪のチームだね…。じゃあ、自殺者が出るチーム！

F　いいね！　ハイ、皆さんもちゃんと言ってくださいね。　④リアクション　で、次の方は？
（以下、このお題で盛り上がる）
　　　　　　　　　　　　　：

F　このくらいで終わりにしましょう。十分に場が暖まったので。では、本番です。ぜひ、今のようにユニークなアイデアをバンバンと出してください。では、今度は事情通のAさんから。　⑥指名

A　さっきの最悪のチームでも出たけど、残業を減らさないと。ほら、先月なんかひどかったじゃないか、あの時なんかさ…。

F　ハイハイ、愚痴は後で。要は残業を減らす、ですね。　③ペース・セッティング

B　それを言うなら、ムダな資料づくりの時間を減らすことだよ。

F　減らせそうなものがいろいろありそうですね。では「減らすシリーズ」で他にありませんか？　⑦アイデア展開

C　やっぱり会議だよ。（以下、「減らすシリーズ」でたくさん意見が出る）

F　じゃあ、「逆に増やす」ものってないですか？　⑨フレームワーク　たとえば、体重を増やすとか？　⑤モデリング

A　「いいね！」って、いいわけないじゃん！　増やすとしたら、職場のコミュニケーションだよ。

C　そうそう飲み会をもっと増やそうよ。最近全然やっていないじゃないか。だからチームがギスギスするんだよ。

B　以前はみんなで旅行に行ったりしたよね。あれって大切じゃないの？

F　要は「対話を増やそう」という話ですよね。いろいろありそうなので、ちょっと離れたところに書いておきますので、10個くらい稼ぎましょうか。　③ペース・セッティング

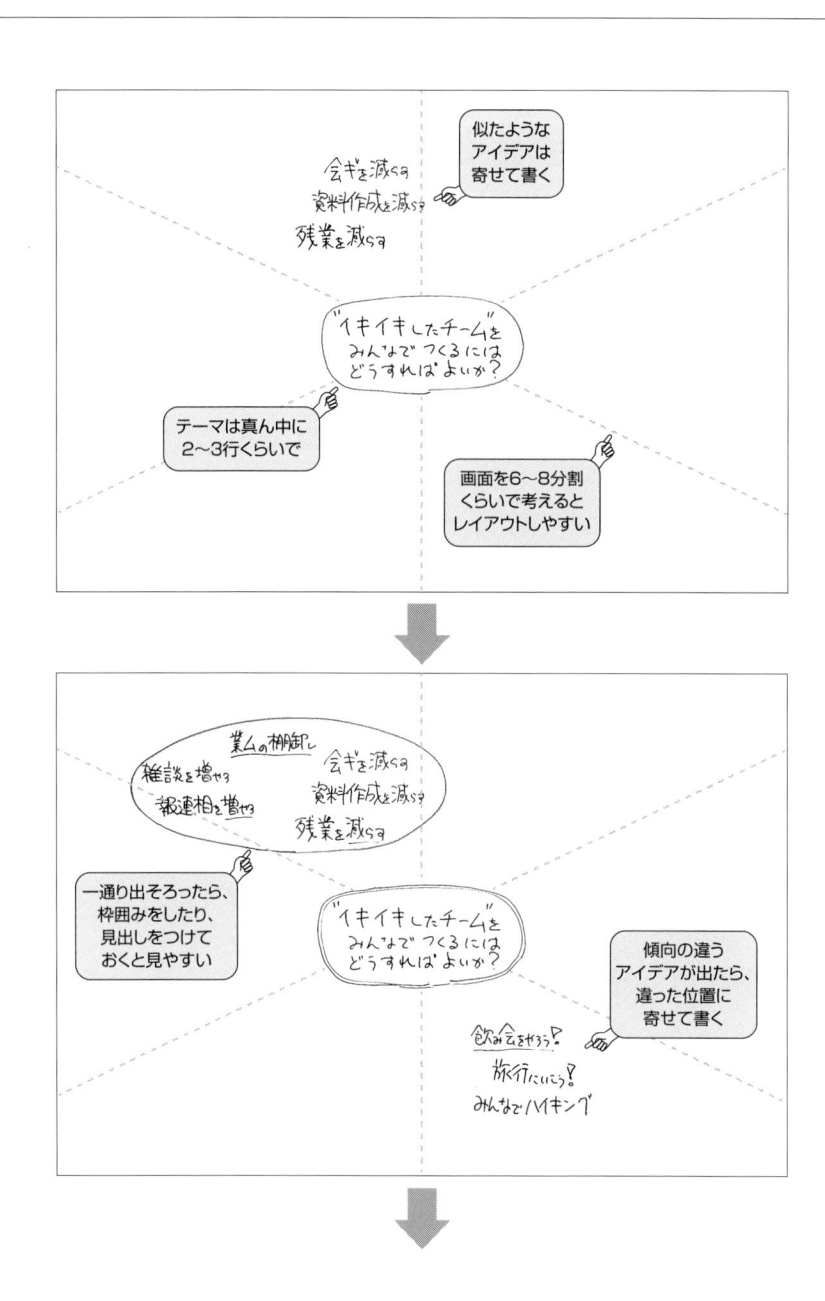

[図：上段]

- 会議を減らす
- 資料作成を減らす
- 残業を減らす

"イキイキしたチーム"を みんなで つくるには どうすれば よいか？

- 似たようなアイデアは寄せて書く
- テーマは真ん中に2〜3行くらいで
- 画面を6〜8分割くらいで考えるとレイアウトしやすい

[図：下段]

- 業務の棚卸し
- 雑談を増やす
- 報連相を増やす
- 会議を減らす
- 資料作成を減らす
- 残業を減らす

"イキイキしたチーム"を みんなで つくるには どうすれば よいか？

- 飲み会をやろう？
- 旅行にいこう？
- みんなでハイキング

- 一通り出そろったら、枠囲みをしたり、見出しをつけておくと見やすい
- 傾向の違うアイデアが出たら、違った位置に寄せて書く

第3章 アイデアを発想する 115

F　コミュニケーション絡みで、随分たくさん出てきましたね。そろそろ違った切り口で考えてみましょうか。ここはやはりアイデアマンのCさんでしょう。⑥指名

C　マジの話をしていい？　ウチの人事評価制度って、やる気が出るようになっていないと思うんだ…。

A　それは我々だけでは解決できない話だよ。

F　まあ、そう言わず。Cさん、続けてください。④リアクション

C　見えない成果ってあるじゃない。チームに貢献したとか、誰かの仕事をアシストしたとか。そういうものも評価できる制度ってできないかな？

F　要は、「評価されて元気が出る"仕組み"をつくろう」ということですよね。我々でできる仕組みや制度って、どんなものがありますかね？　⑦アイデア展開

B　チームの中で表彰する制度をつくるのはどう？　人事評価とは別に、この人は頑張ったというのをみんなで投票するとか。

F　いいですね。それをもっと拡大させられませんか？　あるいは、他の仕組みを転用するとか？　⑨フレームワーク

A　小学校の頃にやった「ありがとうカード」はどう？（以下、このシリーズで盛り上がる）
　　　　　⋮

F　制度・仕組み系もたくさん出てきました。もう一度切り口を変えましょう。まだ半分ですから。③ベース・セッティング　何か抜けている切り口を探しましょうか？　皆さんがもし、新入社員だとしたら、どんな職場だったら嬉しいですか？　⑧仮定質問

C　そう言われて今パッと思いついたんだけど、課長とか主任とか呼び合うのは止めない？

F　まったく違った話で、いいですね。④リアクション　具体的にはどうしたらいいですか？　Cちゃんとか？　⑤モデリング

C　いや、それはやりすぎだけど、ニックネームで呼び合うならいいんじゃないの。

F　たしかに。随分それで職場のムードが変わるように思います。他に、ムードを変えるという切り口でアイデアをよろしく。⑦アイデア展開　（以下、たくさん出る）
　　　　　⋮

F　これでおおよそ80個くらいかな。ここまでのアイデアをざっと眺めてみましょう。⑩チェンジ・オブ・ベース　マネジメント、コミュニケーション、制度づくり、職場風土…。仮に何か抜けているものがあるとしたら何でしょうか？　⑧仮定質問

B　そもそも、このチームが目指しているものが一致していないことはない？　目標をしっかりと共有しないと。

F　いいですね。さすが、Bさん、鋭い指摘です。④リアクション

A　そうそう、それと我々の勉強が足らないんじゃないか。チームを活性化する手法がいろいろあるはずで、それを全然知らないんだもの。

F　目標の共有と学習ですね。残り5分であと20個いきましょう。①バインド　では、口火を切ったBさんからお願いします。⑥指名　（以下、続く）

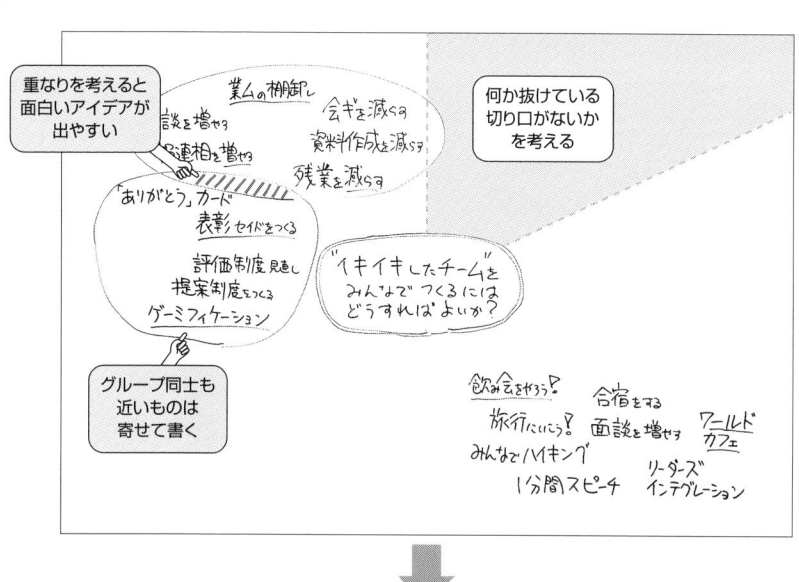

[図:「イキイキしたチーム」をみんなでつくるにはどうすればよいか？ をテーマにしたブレインストーミング・マップ]

上の図：
- 重なりを考えると面白いアイデアが出やすい
- 何か抜けている切り口がないかを考える
- グループ同士も近いものは寄せて書く

含まれるアイデア：
- 業務の棚卸し
- 会議を減らす
- 資料作成を減らす
- 残業を減らす
- 雑談を増やす
- 報連相を増やす
- 「ありがとう」カード
- 表彰制度をつくる
- 評価制度見直し
- 提案制度をつくる
- ゲーミフィケーション
- 飲み会をやろう
- 合宿をする
- 旅行にいこう？
- 面談を増やす
- ワールドカフェ
- みんなでハイキング
- 1分間スピーチ
- リーダーズインテグレーション

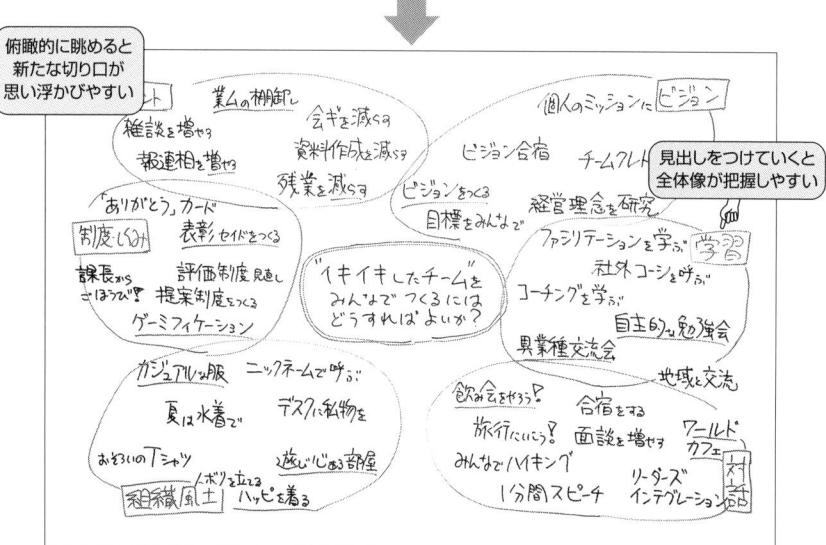

下の図：
- 俯瞰的に眺めると新たな切り口が思い浮かびやすい
- 見出しをつけていくと全体像が把握しやすい

追加の見出し／アイデア：
- 個人のミッション／ビジョン
- ビジョン合宿
- チームクレド
- ビジョンをつくる
- 目標をみんなで
- 経営理念を研究
- ファシリテーションを学ぶ／学習
- 社外コーチを呼ぶ
- コーチングを学ぶ
- 自主的な勉強会
- 異業種交流会
- 地域と交流
- 制度・しくみ
- 課長からさぼうで？
- カジュアルな服
- ニックネームで呼ぶ
- 夏は水着で
- デスクに私物を
- おそろいのTシャツ
- 遊び心ある部屋
- 組織風土／ノボリを立てる／ハッピを着る
- 対話

第3章　アイデアを発想する　117

5 効果を高める アクティビティ

　ブレストと併用すると、その効果が高まるアクティビティをいくつか紹介します。じっくりと手間暇かけてブレストをやるときに使ってみてください。
　いきなり「アイデアを出せ」と言われても頭が回りません。互いに遠慮があって突飛なアイデアは出しにくいものです。頭や心のウォーミングアップをしてからやると、見違えるほどアイデアが飛び出るようになります。そういったアイスブレイクとして使えるアクティビティから紹介していきます。

☛インプロ

　インプロとはインプロヴィゼーションの略で、即興を活かした演劇を使った学習法です。即興でいろんな役割を演じてみて、コミュニケーション力、柔軟性、発想力、対応力などを養うものです。たくさんのアクティビティの中から、ブレストのウォーミングアップとしてふさわしいものを２つ紹介します。

1）Yes, and

　ブレストではアイデアを評価しないはずなのに、ついつい「なるほど。でもね…」と「Yes, but」になりがちになります。そうならないために、「いいね。だったら（じゃあ）…」と「Yes, and」でアイデアを付け加えたり、発展させたりする練習をしてみましょう。
　やり方は簡単で、グループの中で誰かが隣の人に「ねえ、ハイキングに行かない？」と遊びに誘います。提案を受けた方は、「いいね。だったら（じゃあ）…」とさらにアイデアを付け加えて、隣に回します。こうやって発言を回しながら、連想ゲームのようにどんどんアイデアを発展させ、突拍子もないアイデアに行

き着くところまで4～5分やってみましょう。

　雰囲気が堅いときは、2人ペアになって交互にやるとやりやすいです。悪い例として「Yes, but」をやってからやると、「Yes, and」との違いが分かりやすくなります。

2）ワン・ワード

　グループで順番に発言を回しながら1つの物語をつくっていくアクティビティです。

　1人目の人が「私は」「今日は」「日本では」といったように、単語（助詞はつけてよい）を1つ話します。それを聞いた隣の人が、「朝から」「とっても」「驚くべきことに」と単語をつなげて文章にしていきます。これを繰り返して、即興でどんどん物語をつくっていくのです。

　ポイントは、あまり考えずに思いついた言葉をすぐに出すことです。1つだけなら、名詞、動詞、形容詞、何でも構わず、「ところが」「さらに」といった接続詞でも構いません（2語以上になったらやり直し）。会社、森、ディズニーランドといった状況を設定するのも面白いです。何度も発言を回してみると、どんな言葉を出すかで、その人の発想や性格がよく分かります。あとで軽い振り返りをすると気づきが深まるでしょう。

図3-19 | インプロ

第3章　アイデアを発想する

☛ ウォーミングアップ・ブレスト

　いきなりブレストをやると、いつもの発想に陥って行き詰まってしまう。そんなときは、軽いテーマでブレストの練習をやってから始めると、思考の壁が打ち破りやすくなります。

　ウォーミングアップですので、個人でやってもグループでやってもよく、アイデアの数を競い合うと盛り上がります。テーマとしては、以下のように誰もが気楽に考えられるものがふさわしいです。

- ペットボトルの使い方
- ラーメンの美味しい食べ方
- コンビニの新しいサービス

　それでも発想が広がりにくそうなら、頭をほぐし、心理的なハードルを下げるために、「過激ブレスト」をやっておくという方法もあります。わざと最悪のアイデア（**アンチ・プロブレム**）や極端なアイデア（**エクストリーム・プロブレム**）を出し合うものです。

〈本テーマ〉若い女性が誰もが欲しがる腕時計とはどんなものか？
　→〈最悪〉若い女性が決してほしがらない腕時計とはどんなものか？
〈本テーマ〉沖縄の観光客を30％増にするにはどうしたらよいか？
　→〈極端〉沖縄の観光客を100倍にするにはどうしたらよいか？

　意外に、こうやって出てきたアイデアも本当のアイデアを出すためのヒントになることがよくあります。馬鹿らしいとは思わず、ブレストを楽しみながらも、真剣に考えてみてください。

☛ コンテクスト・シェアリング

　自由奔放にアイデアを出すといっても、知識や経験があまりないテーマだと大変です。そんなときは、テーマが置かれた環境や背景となるトレンドを共有

すると、アイデアの糸口が見つかりやすくなります。情報インプットやその共有が不十分なときは、もう一度ここに戻ってアイデアの畑を耕しておきましょう。

ただし、それに引っ張られすぎると、かえってアイデアが出にくくなります。あまり深く考えず、ブレストの練習だと思って、質より量を出すことを心がけるようするのがコツです。

1）トレンドマップ（コンテクストマップ）

テーマに影響を与えているトレンドや要因をみんなで自由に出し合って、マンダラやマインドマップで整理していく方法です。

全体像が大まかに把握できれば十分で、網羅的に出す必要はなく、思いついたものをどんどん書き足していきます。できあがったら、マップをみんなで眺めると同時に、どれが重要なトレンドか軽く話し合うとよいでしょう。

2）タイムライン（ヒストリーマップ）

テーマに関わるトレンドの変化やテーマ自体の経緯を時系列に追っていく方法です。ホワイトボードを大きな年表に見立て、数年〜数十年の期間にあったテーマに関わるトピックや特徴的なトレンドを、みんなで思いつくままに書いていきます。考えにくい場合は、利害関係者別に分けたり、第2章で紹介したフレームワークを使うと整理しやすくなります。過去だけでなく、未来でも使えます。

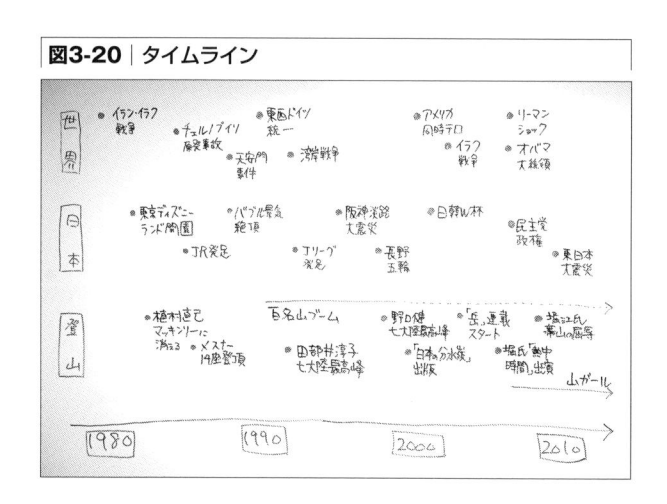

図3-20｜タイムライン

☞ブレーン・ライティング

　ここからはブレストと組み合わせて使う手法やブレストのバリエーションをいくつか紹介します。

　ブレストの3つの欠点（生産性阻害、社会的抑制、社会的怠惰）を克服するための1つの優れた方法が、1960年代にドイツで開発されたブレーン・ライティング法です。6人でやるのが原則ですが、シートをアレンジすれば何人でもできます。

　図3-21のようなシートを人数分用意して、シートの上部に本日のテーマを書いておきます。まずは、数分間、各自で黙ってアイデアを考え、シートに3つ記入します。

　次に、隣に座っている人にシートを渡し、既に書かれているアイデアをヒントにして、新たに思いついたアイデアを3つ追加します。書き終わったら、また隣の人にシートを渡します。

図3-21 ｜ ブレーン・ライティング

〈テーマ〉 500mlペットボトルの新商品

	A	B	C
1	お年寄り用飲料（抹茶）	もっと持ちやすいカタチにする	花瓶になるボトル
2	ベビー用（粉ミルク）	埋めて地中で分解する	水を入れて楽器として使う
3	災害時の緊急用	食べられるペットボトル	匂いを入れてストレス解消
4	ペットのためのペットボトル	フタがカップになるボトル	振ると中身の色が変わる
5			
6			

この作業をシートが埋まるまで繰り返します。全ラウンドが終わったら、人数の2乗×3個のアイデアが（6人の場合は108個が20〜30分で）集まることになります。

　もっと手軽にやりたい人は、大きめの付箋やカードに自由に書いて回したり、A4の紙の中央にテーマを書いてマンダラで書き足したりするのでも構いません。いずれにせよ、個人の思考をつなぎ合わせていくところに特徴があります。ブレストでアイデアがあまり出ないときや、ブレストに行き詰まったときに試してみてください。

☛アイデア発展シート

　発想の切り口であるSCAMPERも、シートに書いて考えるとアイデアが広がりやすくなります。切り口同士の組み合わせもしやすくなります。図3-22のようなアイデア発展シートを用意しておいて、1人で考えたり、シートを回してみんなで考えたりしてみてはいかがでしょうか。

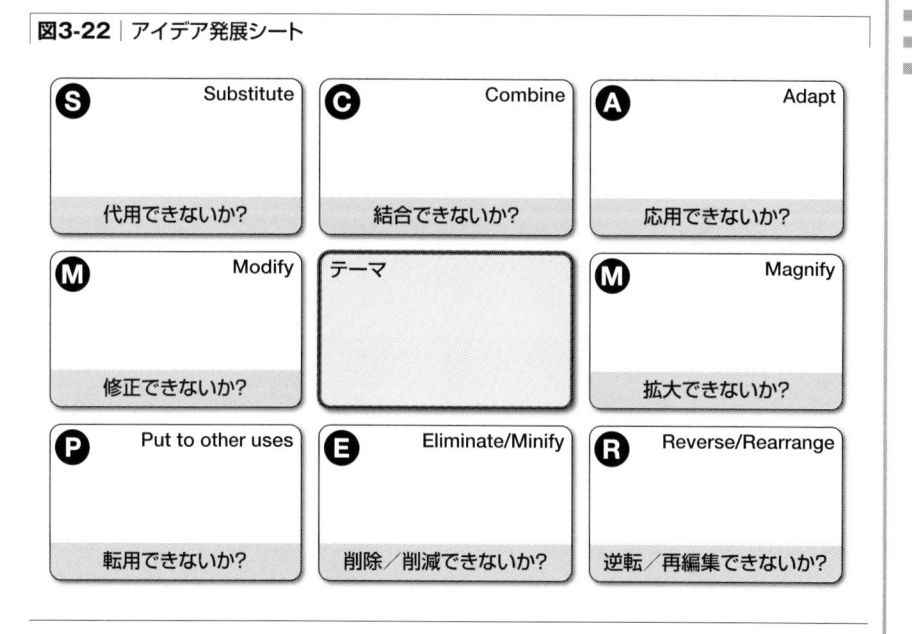

図3-22 アイデア発展シート

S Substitute 代用できないか？	**C** Combine 結合できないか？	**A** Adapt 応用できないか？
M Modify 修正できないか？	テーマ	**M** Magnify 拡大できないか？
P Put to other uses 転用できないか？	**E** Eliminate/Minify 削除／削減できないか？	**R** Reverse/Rearrange 逆転／再編集できないか？

☛マンダラート

連想でアイデアを広げる優れた方法の1つにマンダラートがあります。アイデアを広げる原理はマインドマップと同じですが、こちらは日本オリジナルの手法です。

図3-23のような3×3のマス目をつくり、中心にテーマを書き出します。次に、テーマから連想するアイデアを周囲の8つのマス目に書き出します。それが終わったら、新たに3×3のシートを8枚用意して、先ほどの8つのアイデアを中心に書き出し、さらにアイデアを周囲に広げていくのです。

図3-23 | マンダラート

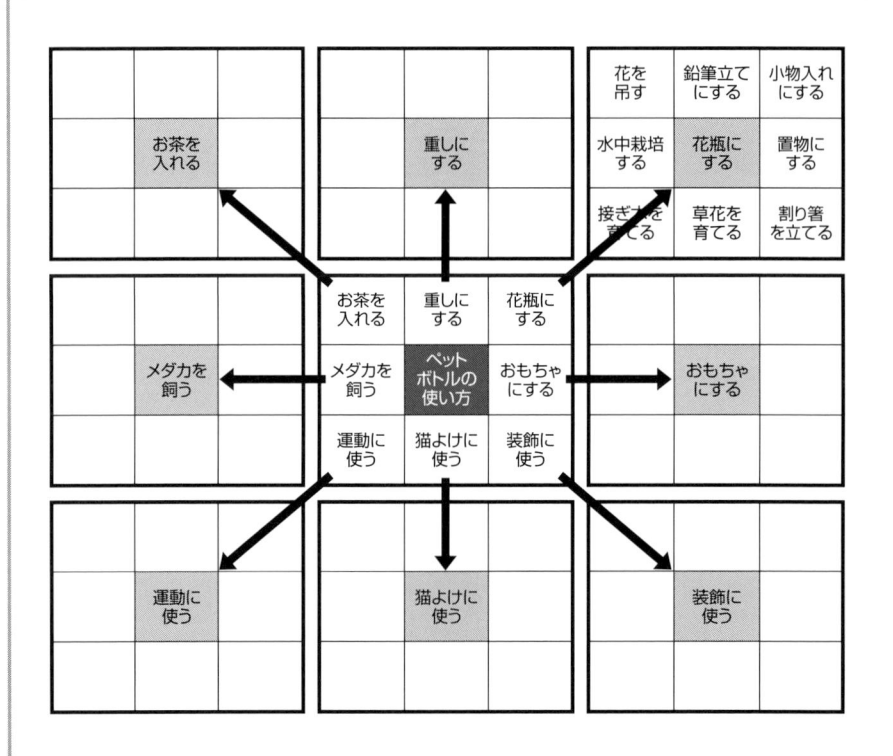

やってみると分かるのですが、3つ4つくらいなら簡単にアイデアが出ますが、5つ目あたりからかなり苦しくなり、最後の1つは…。そうやって無理にでもアイデアをひねり出すところにマンダラートの良さがあります。

ホワイトボードにマンダラートを書いて、みんなでアイデアを広げるという方法もあれば、1人ひとりマンダラートを書いて考えるという方法もあります。

ブレーン・ライティングのようにシートを回してどんどん書き足していくというやり方もできます。

☛ヒントカード

ブレストが行き詰まったときに、何か発想のキーとなるヒントがあると助かります。たとえば、先に紹介したSCAMPER。1つひとつの問いをカードにしてシャッフルしておき、アイデアが止まったときにめくって発想のヒントにするのです。

他にも図3-16で紹介した切り口もすべてカードにすることができ、いざというときのために手元に置いておくと役に立ちます。もちろん、本書の付録の「アイデア発想力を高める　視点カード252」もそのために役立ててください。

さらにオリジナルのカードをつくることもできます。前節で述べた仮定質問を次のようなカードにしておくのです。大胆な仮定であればあるほど、思い込みを打ち破る効果があります。

- もし、あなたが何でもできる超能力者だとしたら、何をしますか？
- もし、一切の制限や障害がなくなったとしたら、何ができますか？
- もし、10年後にうまくいっているとしたら、何がよかったからですか？

☛ゲーミフィケーション

ブレストを盛り上げるための簡単な方法はゲームにすることです。たとえば、10人全員でブレストをやるよりも、5人×2チームで競わせたほうがアイデアの量も質も高まります。

このときに、相手の様子が見えないほうが、競争効果が高くなります。そのため、部屋を分けたり、相手チームのホワイトボードを見えなくしたりして、

どれくらい進んでいるか、どんなアイデアが出ているかを分からないようにします。

アイデアの数やユニークさなどで勝負をつけることにして、勝ったチームに賞品（負けたほうがおごるなど）を用意しておくと、さらに盛り上がります。「さあ、負けたら恥ですよ!」「賞品をゲットするのは、どっちだ!」と、ファシリテーターが競争をあおることも大切です。

人は楽しくなければマジメにやりません。皆さんなりに、ブレストを楽しいゲームにしてしまう、遊び心いっぱいの方策を考えてみましょう。

Column-12 ●顔を合わせずブレストをする

　ブレーン・ライティングが持つ良さを、メンバー同士が顔を合わせなくても味わえるツールがあります。それがMindMeister（マインドマイスター）というソフトウェアです。

　これはパソコン上でマインドマップを作成するツールなのですが、複数人で、好きな時間に書き込んでいくことができるようになっています。もちろんスマホからも使えます。色分けされるため、誰が書き込んだのかも一目で分かり、とても便利です。

　遠い人同士、時間のタイミングが合わない人同士、あるいは、じっくり1人ひとりで考えたい場合に活用してみるとよさそうです。

　　　　　（出所：http://www.mindmeister.com/ja/public）

第 4 章

アイデアを編集する
Idea Development

1 アイデアを編集するとは？

☛アイデアを磨けば輝きが増す

　ブレストで出てきたアイデアは、単なる思いつきも多く、いわば宝石の原石のようなものです。効果性や実現性を一切考えておらず、ワイルドで身勝手なものばかりです。キラリと光るアイデアがあったとしても、多くはそのままでは使えません（そのまま使えそうなら、本章を飛ばして次章のプロトタイピングに進んでください）。

　そこで、アイデアを取捨選択（第6章参照）しながら、膨らませたり、ひねりを加えたりして、使えるアイデアへと改善や統合をしていかなければなりません。この作業が「アイデア編集」です。

　ブレストで山のようにアイデアを出した人が、編集のステージになると全然冴えないということもあります。逆に、ブレストではアイデアを出せなくても、編集がうまい人もいます。発想と編集は違ったスキルが求められ、人によって向き不向きがあります。

　ファシリテーターとしては、メンバーの持ち味をうまく組み合わせながら、チームの総力を結集してアイデアを磨いていきます。そのための方法を紹介しましょう。

☛アイデアを編集する4つの方法

　アイデアを磨くには大きく4つの方法が知られています。それを組み合わせてアイデアを磨きつつ、コンセプトをつくり上げていきます。

1）深化させる　〈展開〉

アイデアを掘り下げたり、より具体化したりして深化させていきます。実現に向けてひとひねり（一味）を加えるのもこれにあたります。例）飲み物→日本茶→高級緑茶…

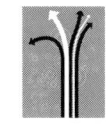

2）つなぎ合わせる　〈結合〉

異なるアイデアを組み合わせればアイデアの統合と発展が同時にできます。価値のないものでも、組み合わせれば価値あるものになることもあります。例）携帯電話＋パソコン→スマートフォン

3）あてはめる　〈応用〉

既存のアイデアのエッセンスを他のアイデアに転用や移植することでアイデアがふくらみを増します。予想外のアイデアが出やすいのが特徴です。例）ベルトコンベアー→回転寿司

4）ひらめく　〈創発〉

アイデア編集の作業をやっているうちに突然ひらめくのが創発です。方法論に落としにくいのですが、ひらめきが生まれやすい状況を作り出すことはできます。例）ペットボトル→ミニスカート

　それぞれのやり方に応じた手法がたくさんありますが、どれにも一長一短があり、全部覚えるのも大変です（図3-1参照）。考え方だけをしっかりとマスターして、4つを縦横無尽に組み合わせながら、アイデアをブラッシュアップしていくのが現実的です。一度に全部を覚える必要はなく、自分の得意なところから始めてみましょう。

☛心に響くコンセプトになっているか？

　アイデア編集では、明快な**コンセプト**をつくり上げることを目指します。
　コンセプトとは、アイデアの核となる考え方（意図）や得られる効果（便益）を表現したものです。これから実現しようとしていることのイメージを、誰にでも分かるようにしたものです。

コンセプトでもっとも大切なのは、「心に響く言葉」で表現されているかどうかです。響かないものはそれ以上検討する価値がなく、やるだけ時間のムダ。
　たとえば、新しい飲食店のアイデアを考えていて、「麺とスープがウリのラーメン屋」では、何をしたいのかが分かりません。これを「モチモチ麺と濃厚スープが自慢のラーメン屋」とすると、少しコンセプトが明らかになってきました。さらに、「極太長期熟成麺と秘伝３段返しスープのラーメン屋」とすると、イメージがさらに明快になります。食べてみたい気にもなります。
　アイデア編集のステージでは、アイデアをこねくり回しているうちに、コンセプトが不明確になってしまうことがよくあります。本末転倒にならないよう、ファシリテーターがコンセプトの切れ味を適宜チェックしていかなければなりません。とことんアイデアを磨いて、切れ味を鋭くするように努めましょう。

　F　この言葉でお客さんにイメージが伝わるでしょうか？
　F　結局、それをやることで、何が実現できるのでしょうか？
　F　このアイデアの魅力をひとことで言うと何になりますか？

☛ビジュアル・シンキングを使おう！

　具体的な話をする前に、アイデア編集を通じて明快なコンセプトをつくるコツを１つ紹介しておきましょう。絵や図などを使って、アイデアをできるだけビジュアルに表現することです。
　絵や図なら、言葉や文化を超えて、誰もが理解できます。直観的にアイデアの本質をつかむことができ、自分の考えを人に伝えるのに役立ちます。アイデアを共有したり、ぶつけ合わせたりするために欠かせない手段です。
　しかも、ビジュアル情報は我々の脳を活性化してくれます。言葉や数字では発見しにくい関係性やパターンに気づかせてくれたり、思わぬ飛躍のヒントを与えてくれたりします。ビジュアルが想像力にスイッチを入れます。
　といっても、綺麗な絵を描こうというのではありません。図4-1にあるような、ちょっとした手描きのイラストや図解をアイデアに描き添え、イメージを湧きやすくすれば十分。

多彩なカラーを使えばさらによし。そのために模造紙やフリップチャートを活用することをお勧めします。後者は、コストはかかるものの、どんどん描いて貼っていけばよいのでとっても便利。発想が広がり、話し合いのムードも大きく変わります。

　ちょっとした相談なら、付箋やメモ用紙に絵を描いてアイデアをやりとりしましょう。数人の打ち合わせなら、テーブルの上に紙を広げたり、ホワイトボードを使ったりして絵を描きながら議論すると、アイデア編集がやりやすくなります。もちろん、1人で考えるときもビジュアル・シンキングは役立ちます。

　残念ながら、この点ではパソコンはまだ能力不足といわざるをえず、湧き起こる考えにビジュアル化の作業が追いつきません。しかも手描きのほうが相手に伝える力が強く、コミュニケーションを加速してくれます。

　パソコンを使うなら、できあがった資料に彩りを添えるときです。たとえば、本書の図版につけている小さなイラストはすべてパワーポイントに標準で添付されているクリップアートをベースにしています。ちょっと手間をかけるだけでこれだけ見栄えがするのです。

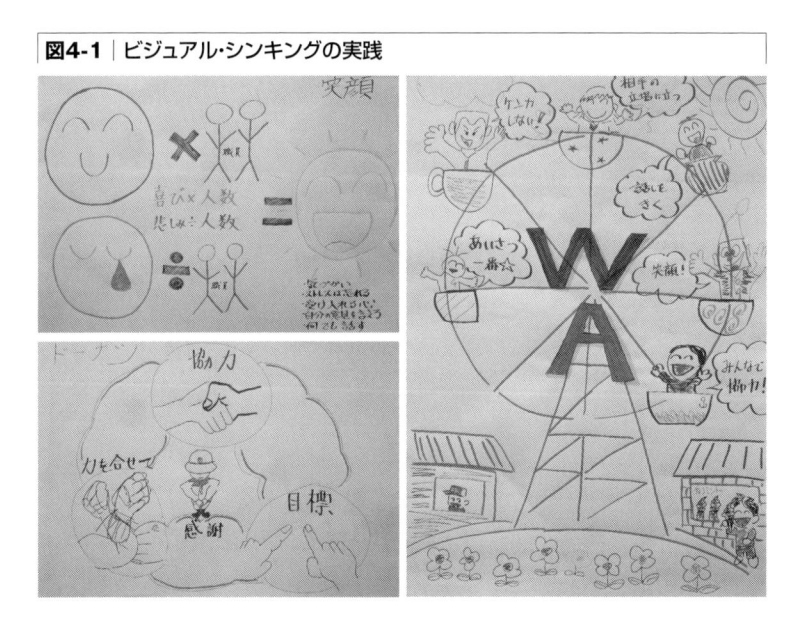

図4-1 | ビジュアル・シンキングの実践

2 アイデアを深化させる ～展開～

☞具体化と抽象化でアイデアを磨く

　ブレストではアイデアを評価せずに量を稼ぐため、当然のことながら玉石混淆になります。キーワードだけで中味がないアイデア、何をするのか具体性に乏しいアイデア、意味がつかみにくいアイデアが混じるのは仕方ありません。

　とはいえ、これらを「意味が分からないからダメだ」と切り捨てるのはもったいないです。この中にアイデアの原石が眠っているかもしれないからです。

　すべてを検討する必要はありませんが、ピンときたものは、意図が明確になるようアイデアを深めていきましょう。抽象的すぎるアイデアを具体化するために、ファシリテーターは次のような投げかけをしていきます。

F　たとえば、○○というのは、どのようなものなのでしょうか？
F　これをもう少し具体的に表すと、どうなりますか？
F　このアイデアを分かりやすく言うと、どんなものでしょうか？

　逆に、アイデアの説明が長すぎたり、内容が細かすぎて何をやりたいのかよく分からない、といったケースもあります。こういうときは、先ほどと反対に、抽象化する質問をして、アイデアのエッセンスを取り出すようにします。

F　ここでいう○○は、要するに何なのですか？
F　つまり、これで何をしたいということなんでしょうか？
F　要は、○○するというのが、ポイントなんですよね？

こうやって、具体化と抽象化を行ったり来たりしているうちに、アイデアの意図するものが明らかになり、少しずつ磨かれてきます。ファシリテーターの基本技としてぜひ覚えてほしいところです。

F　たとえば、そのアイデアは○○を△△にするということですか？
M　いえ、そうではなく、○○を□□にすることになります。
F　なるほど。要するに、××がポイントなのですね。

☛原点化と帰結化でアイデアを広げる

　アイデアを磨く方法としてあわせて覚えてほしいのが、原点化と帰結化です。前者は、そのアイデアのもとになる考え方、すなわち原因、根拠、事実、基本原理、本質などを導き出すことです。そうしてから、別の方法で具現化できないかを考えるのです。

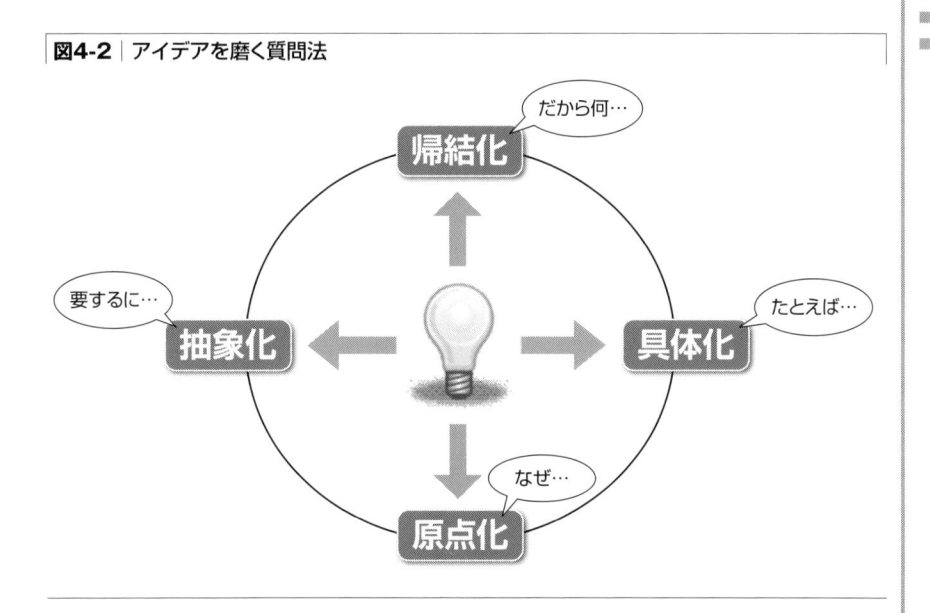

図4-2 | アイデアを磨く質問法

- 帰結化（だから何…）
- 具体化（たとえば…）
- 原点化（なぜ…）
- 抽象化（要するに…）

F　なぜ、○○を△△するのがよいのですか？
M　それは□□で困っているからです。
F　なるほど。では、それは他の手段では解決できないのでしょうか？

逆に帰結化とは、そのアイデアが生み出す成果、効果、便益や、狙っている目的や目標を導き出すことです。それを別の手段でできないかを考えるのです。

F　○○を△△することで、何ができるのでしょうか？
M　それは□□ができるようになるのです。
F　なるほど。だとしたら、それは他の方法でできないのでしょうか？

☛ひとひねりして使えるアイデアに

　一方、そのままでは採用は難しいものの、ちょっと工夫すれば使えるようになるアイデアもあります。実現性や効果が乏しいアイデア、テーマの条件を満たさないアイデア、何かとジレンマや競合を生み出してしまうアイデアなどです。
　こういったものは、それぞれの課題をクリアするアイデアを付け加えることで、使えるアイデアに変身させることができます。

F　もうひとひねりして、使えるアイデアにできませんか？
F　どうやったら、必要条件をクリアできるでしょうか？
F　ジレンマを解消するアイデアはありませんか？

　ただ、これだけでは、どのように考えてよいかピンとこないかもしれません。そこで使うのが、前章で紹介した、さまざまな発想の切り口です。切り口を使ってアイデアを発展させれば、使えるアイデアへと深化させることができます。

F　逆に考えることで、使えるアイデアにできませんか？

F　何かと組み合わせて、必要条件をクリアできませんか？
F　違いではなく共通点を探すことで、ジレンマを解消するアイデアは出せませんか？

☛ずらせば幅が広がる

原石となるアイデアはあるのだが、そこからうまく発展させることができない…。そういうときは、いったん、いくつかの要素に分解してから、バリエーションを考えるとうまくいきます。

たとえば、管理職研修のアイデアを考えていて、「著名人を呼んで講演会」という案が出たとしましょう。これを内容（X）と方法（Y）の２つの要素に分けます。Xは著名人が持っている経験や教訓、Yは座学形式となります。

次に、XやYのバリエーションとして何があるかを考えます。たとえば、著名人の経験（X）の代わりに顧客が抱える悩みや課題（X'）。座学形式（Y）ではなくワークショップ形式（Y'）といった具合に。

そうして、それらを組み合わせて新しいアイデアができないかと考えるので

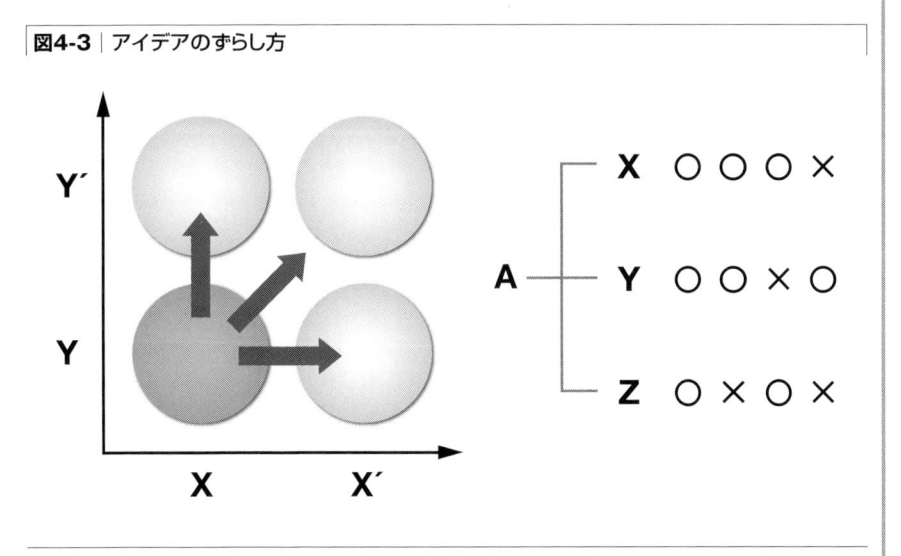

図4-3｜アイデアのずらし方

	X	X'
Y'	○	○
Y	●	○

A ─┬─ X ○ ○ ○ ×
　 ├─ Y ○ ○ × ○
　 └─ Z ○ × ○ ×

す。著名人の経験や教訓（X）をもとにワークショップ形式（Y´）でやるとか、顧客が抱える悩みや課題（X´）を座学形式（Y）で学ぶとか。

　要素にうまく分解できないときは、付録の「アイデア発想力を高める　視点カード252」を活用してみてください。パラパラとカードをめくりながら、テーマにふさわしいものを探し、その切り口で要素に分けて考えてみるのです。

　もちろん、要素は必ず2つにする必要はありません。3つ以上でも、いくつでも構いません。行き詰まったら分解してずらす。アイデア発想に限らず、いろんなところで使える技の1つです。

☛絨毯爆撃でアイデアを出す方法

　分解してずらす技を使うと、しらみつぶしにアイデアを検討することもできます。いわば絨毯爆撃作戦です（それを手法に落とし込んだのが、アイデア発想法の1つである**形態分析法**です）。

　たとえば、新規事業のアイデアを考えていて、「新しいテーマパークを立ち上げる」というアイデアが出たとしましょう。このままでは抽象的すぎて使い

図4-4｜しらみつぶしに考えてみよう

〈テーマ〉**新しいテーマパークを企画する**

	対象	立場	価値	設定	見せ物	食べ物
1	子ども	都会	憩い	過去	ライド	ファストフード
2	家族	郊外	学び	現代	映像	和食
3	カップル	山	スリル	未来	体験	中華
4	高齢者	海	冒険	日本	ショー	洋食
5	外国人	草原	娯楽	世界	動物	エスニック

ものになりません。

　それを、先ほどと同様に、いくつかの要素に分解してみます。どんなときでも万能で使えるのが、5W1H（When、Where、Who、What、Why、How）です。それをホワイトボード上で表に展開しておきます。

　次にそれぞれの要素のバリエーションをできるだけたくさん出していきます。Who（人）なら、子ども／若者／中堅／高齢者、When（時間）なら、過去／現在／未来といったように。その上で、図4-4のように、それぞれのバリエーションを組み合わせて新しいアイデアを考えるのです。

　強制的に組み合わせることで、普段あまり考えない、思わぬアイデアが生まれることもあります。これも「分解してずらす」効果です。絨毯爆撃は、あまりクリエイティブでないと思われるかもしれませんが、案外バカにはできない優れたやり方です。

Column-13 ● やりっ放しはダメ!

　第2章の冒頭で「圧倒的インプットをせよ」と述べましたが、博報堂の西村康朗氏は「情報は集めてはいけない」と言います。「情報量が多いと人は思考しなくなる。1日中インターネットで調べて仕事をした気になるな」と。

　反対に、氏が時間をかけるのは、出てきた思いつきを編集する作業だそうです。本書でいえば、第3章までやって終わりにせず、第4章の作業をしっかりやろうということです。ブレストをすると、確かにそれで仕事が終わったような気になりがちです。ちゃんと編集作業にメンバーが精力を注ぐように持っていくのが、まさにファシリテーターの役割となります。

（出所：『ブレーン』2012年2月号）

3 アイデアをつなぎ合わせる 〜結合〜

☛足し合わせてアイデアを膨らませる

　アイデアを練り上げる２つ目の方法が結合、すなわち「組み合わせる」です。アイデア同士、あるいはアイデアと他の要素を組み合わせることで、アイデアを発展させる方法です。
　私たちの身近にある便利商品をイメージすると分かりやすいでしょう。以下は、いずれも既存の要素を足し算することで考え出されたものです。

　　ラジカセ　　　　＝　ラジオ＋カセットレコーダー
　　オーブンレンジ　＝　電子レンジ＋オーブン
　　スマートフォン　＝　電話＋パソコン

　第１章で「アイデアとは既存の要素の新しい組み合わせ」という話をしました。まさに、結合すること自体がアイデアを出す行為だといえます。
　どんなものでも、考えようによってはつなぎ合わせることができ、いくらでもアイデアを広げることができます。結合は、誰もができるお手軽なアイデア発展法といってもよいでしょう。

☛近いアイデアを重ねて統合する

　ブレストでたくさんアイデアが集まり、いくつか使えそうなものがある。そういうときは、似たようなアイデアを結合できないか考えてみましょう。そうすれば、アイデアを統合しつつ洗練させることができます。

F この中で足し合わせることで、さらに面白いアイデアに発展できるものはありませんか?
F ○○というアイデアと△△は一緒にしたら、さらによくなるのではありませんか?
F ○○と△△をひとまとめにすると、どういうアイデアになりますか? 両者はくっつける価値がありますか?

どのアイデアとどのアイデアが近いかは、やはり直観で判断するしかありません。何となく近そうならくっつけてみる。そんな軽い気持ちで結合させてみましょう。

ただし、ここでいう足し合わせは、グルーピングをしてカテゴリーの名前をつけることではありません。共通項でくくって抽象化するのではなく、元のアイデアが持っていた良さを損ねず、新たなアイデアへと発展させなければなりません。まったく新しいアイデアへと進化させられればさらによしです。

× 電話+パソコン ＝ 電気製品
○ 電話+パソコン ＝ スマートフォン

図4-5 アイデアの四則演算

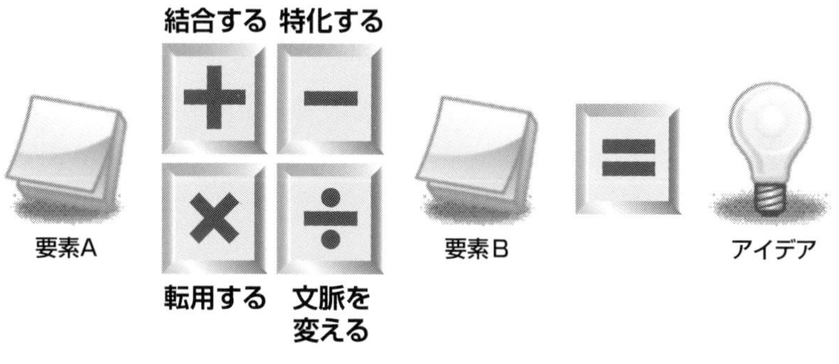

結合する 特化する
転用する 文脈を変える

要素A　　要素B　　アイデア

☛既存の要素と組み合わせる

　結合を使って、アイデアを進化させることもできます。今あるアイデアに既存の要素をくっつけて「合わせ技一本」を狙うのです。
　たとえば、みんなで新商品のプロモーション策を考えていて、「店頭で試供品を配付する」というアイデアが出たとしましょう。それだけではありきたりだと感じたら、既存の要素として、他のプロモーション方法を足し合わせてみることができます。

●店頭で試供品を配付する
　→ミニイベントをやって試供品を配付する
　→試供品を配って、その場で使用感などを調査する
　→あわせて50%オフのクーポン券を配る　などなど

　あまりやりすぎると焦点がぼやけてしまいますが、うまく組み合わせれば面白いアイデアへと発展できます。

☛極端と極端を組み合わせてみよう!

　これを見て、「なんだ、あまり変わっていないじゃないか」と思われた方がいらっしゃるかもしれません。その通りで、足し算によるアイデア発展は、意外なアイデアが出にくいという欠点があります。A+BはA+Bにしかならず、まったく新しいCにはなりにくいのです。
　ユニークなアイデアを狙いたいなら、組み合わせ方を工夫するしかありません。たとえば、前章でSCAMPERをはじめとする発想の切り口をいくつか紹介しました。これを1つひとつ当てはめるのではなく、複数組み合わせて使うと、かなり飛躍した発想になります。なかでも、奇抜なアイデアが出やすいのが「拡大」と「逆転」の組み合わせです。

●店頭で試供品を配付する
　→〈拡大〉店頭で商品（完成品）をタダで配る

→ 〈逆転〉家庭で余っている試供品を買い取る
→ 〈拡大＋逆転〉要らない商品の下取りキャンペーン

ずいぶんユニークな発想になったと思いませんか。いわば私たちが持っている常識を極端にまで誇張し、それに常識と正反対の非常識を組み合わせ、極端と極端のぶつかりから新しいアイデアを生み出そうというのです。他にも、「結合」と「削除」、「拡大」と「代用」などが、組み合わせとして面白いところです。

☛切り口を組み合わせて使う

このように、発想の切り口を組み合わせると、意外なアイデアが生まれることがあります。たとえば、ビジネスデザイナーの濱口秀司氏は、こんな方法を提唱しています（ウェブマガジン「ワークサイト」2012.9.18号）。

みんなでブレーンストーミングをやって100個くらいのアイデアを出した後、1人3つまでお勧めのアイデアを選びます。そのときに、なぜそれが気に入ったかを、切り口で説明します。「対象の性別を変えているから」「構成パーツの数を変えたところがいい」といったように。

要は、良いアイデアを選ぶのが大事なのではなく、良いアイデアから優れた切り口を導き出すほうを重視しようというのです。そこから得られた優れた切り口を使って再度アイデア出しをすると、より鋭いアイデアが出せるというわけです。

さらに、切り口同士を組み合わせてみましょう。先ほどの2つの切り口でいえば、「男性⇔女性」軸と「ゼロ⇔無限」軸で、2×2のマトリクスにすると、2つの軸の組み合わ

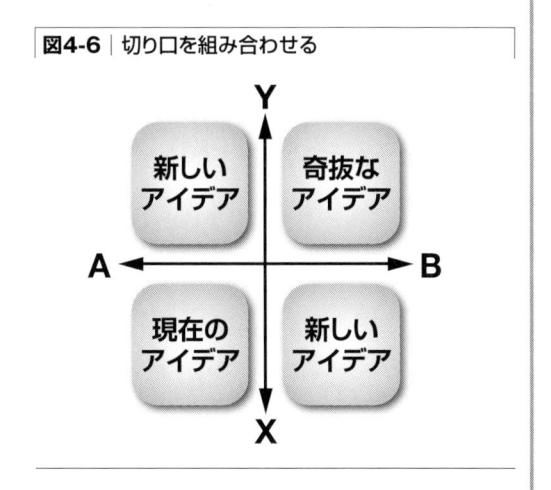

図4-6｜切り口を組み合わせる

	Y	
新しいアイデア		奇抜なアイデア
A ←		→ B
現在のアイデア		新しいアイデア
	X	

せで、思いもよらないユニークなアイデアが生まれやすくなります。本書付録の「視点カード252」も、このように2軸にして組み合わせて使うと、威力はさらに増します。

☞無関係なものを強制的に組み合わせる

　結合で独創的なアイデアを出すもう1つの方法は、一見すると無関係に見えるもの、とてもくっつきそうもないものと結合させることです。

　たとえば、この「店頭で試供品を配付する」というアイデア。適当に思いついた縁もゆかりもないものと無理に結合させてみます。

- 「披露宴」と組み合わせると…
    →新婚カップルに1年分をプレゼントしてモニター調査
- 「市会議員」と組み合わせると…
    →選挙カーのように街頭宣伝しながら試供品を配布する
- 「サングラス」と組み合わせると…
    →全国でサングラスをかけた謎の男が試供品を配布する

　こちらも斬新すぎて、このままでは使えないかもしれません。しかしながら、これがヒントとなって新たなアイデアが生まれることもあります。アイデア会議で行き詰まったときに発想転換のエクササイズとしてやってみるのも面白いかもしれません。

　組み合わせる相手は、元のアイデアと無関係であればあるほどユニークなアイデアが生まれやすくなります。意外な組み合わせが思いつかない方は、こんな方法で触発ワードを探してみてはいかがでしょうか。

- 辞書や雑誌を開いて目に留まった言葉を選ぶ
- 本日のニュースから印象に残った言葉を選ぶ
- 周囲をぶらぶら歩いて気になったものを選ぶ

　お手軽にやりたい人は、図4-7のようなキーワード集を持っておくと便利

です。番号を振っておきましたので、「Fの23」といったように、ランダムに番号を挙げ、そこに書かれた言葉を触発に使ってみてください。これをカードにしておいて、1枚めくってアイデアを出すというやり方もできます。まさに「こじつけ」による強制発想です。

もっと言葉が欲しい方は、この表をつくる元になったマイケル・マハルコ『アイデア・バイブル』（ダイヤモンド社）に1200語も載っていますので、そちらを参考にしてみてください。

☛ときには引き算も使ってみよう

何も足し合わせるだけがアイデアの発展方法ではありません。ときには、足し合わせるよりも、いらないものを抜いたほうが、アイデアが洗練されることがあります。

シンプルな機能に絞り込んだ中高年向けの携帯電話、種類と価格を絞り込んだビジネスマン向けのスーツショップ、サービスを絞り込んで価格を大幅に下げたLCC（格安航空会社）…。世の中には、引き算することで成功した事例も山のようにあります。

私たちは、スッパリと切れるアイデアが出ないときに、苦し紛れにあれもこれもとテンコモリにするクセがあります（本書もそうなのかも…）。そうするとますます切れ味が悪くなり、正体不明のアイデアになってしまいます。

ときには大胆に引き算をすることで、本来持っていた良さを研ぎ澄ますことも必要となります。メンバーが「テンコモリの落とし穴」に陥っているときは、引き戻すようにしてあげましょう。

F　盛り込みすぎて、本来の良さが見えなくなったり、分かりにくくなっていることはありませんか？

F　○○があれば△△はなくてもいいんじゃないでしょうか？　△△は、本当に必要ですか？

F　このアイデアの本当の"キモ"って、いったい何でしょうか？　それ以外は、バッサリと落としてみませんか？

図4-7｜触発ワード512

	A	B	C	D	E	F	G	H
1	ベンチ	門	ワイン	悪魔	政治家	ホタル	シャンパン	タイヤ
2	封筒	時計	豚	風船	サッカー	月	マイク	引き出し
3	ほうき	自動車	中華鍋	ソース	ダンス	こけ	ライフル	タクシー
4	ラジオ	動物園	電話	エビ	歌	パンダ	心電図	階段
5	地主	砂	みぞれ	軍隊	矢	胃	コピー機	バス
6	レジ係	索引	辞書	煉瓦	風呂	刷毛	シャワー	おもちゃ
7	スープ	灰皿	ロビー	爆弾	遊牧民	ゴキブリ	帽子	輪ゴム
8	ビール	腰	火山	ダイヤ	地下鉄	展示会	ソーダ	夢
9	卵	ポスター	魚	薬	静脈	子羊	自白	ステーキ
10	コップ	ミルク	ランプ	列車	ひげ	ドアベル	宇宙船	コンパス
11	フック	潮	図書館	ランチ	歯	結び目	探検家	刺青
12	窓	種	容器	酒	運動選手	ポンプ	コンセント	紙
13	キャンディ	傷	大学	肉	幽霊	大理石	サイコロ	パン
14	PC	トイレ	廃棄物	口紅	ハンカチ	サメ	しおり	保険
15	ペンキ	シャツ	駐車場	香水	フルート	タマネギ	墓	ウェイター
16	のり	ポケット	スピーチ	炎	トロフィ	暖炉	金	スニーカー
17	ネオン	ゴム	戦争	果物	冷蔵庫	サーカス	豆	ファスナー
18	刑務所	癌	ヨット	高速道路	カメ	アリ	芝刈り機	求人広告
19	バッグ	切符	鏡	下着	泥	怠け者	ハエ	カニ
20	魚雷	ハンマー	ゴミ箱	ペット	惑星	訪問	タイル	くじ
21	昆虫	ぞうきん	旗	消しゴム	オペラ	ゲリラ	ピアノ	熊手
22	薔薇	審判	サボテン	ビキニ	地図	指紋	雪	兵士
23	バター	海	酒場	トランプ	クーポン	顕微鏡	包帯	懐中電灯
24	小枝	バルブ	立方体	暴動	鼻血	ピストン	カレンダー	ダム
25	剣	タコ	お金	フィルム	ガソリン	医者	垣根	教師
26	怪物	磁石	雑誌	警察	休憩	地平線	ケーキ	銀行
27	野原	ディスコ	ステレオ	熱帯雨林	雨	フライパン	虹	扇風機
28	酸	ネクタイ	かみそり	日の出	ウナギ	キャンドル	歯ブラシ	ハンドル
29	太陽	メガネ	俳優	粘土	ロケット	葬儀	アパート	絹
30	切手	テレビ	女王	グルメ	くず	絨毯	ワイヤー	自信
31	氷	ポット	嵐	花火	ピラミッド	ギア	波止場	麺類
32	マットレス	結婚式	ヘビ	舌	雷	おむつ	頂上	劇場

	I	J	K	L	M	N	O	P
1	小屋	漫画	蒸気	ムチ	足場	カジノ	ローマ法王	空洞
2	骨	風	コーヒー	糸くず	角刈り	会釈	統計学者	賃金
3	輪	キーボード	遠隔操作	テープ	奇跡	革命	爆破犯人	ポルノ
4	ハンター	彫刻	絞首刑	棺桶	地獄	夜明け	教科書	埋め立て地
5	バレエ	柱	ジーンズ	唇	雑学	縫い目	アルミ	休暇
6	クリーム	天使	アンテナ	すいか	ヤシの木	ダンサー	シャッター	サクランボ
7	肌	ドリル	クレヨン	湿地	オアシス	英雄	安全ピン	観客席
8	ブランコ	オレンジ	電池	雑草	ふけ	恐怖	貨物	コルク
9	カーテン	神話	車輪	ビンゴ	麻薬	福祉	レモン	香辛料
10	靴下	旅	楽団	かまど	パイロット	ワセリン	国連	電子レンジ
11	ゴルフ	天国	ブラジャー	スタジオ	ニキビ	メディア	装飾品	かかし
12	占い	社会	新聞	布	ピザ	笑い	文法	光線
13	変化	試験	セールス	コード	バルコニー	脚本	旅行客	ホタテ貝
14	電話帳	影	タワー	漂白剤	生け垣	校長	祝宴	配管工
15	真空	胎児	キッチン	ペンチ	ギャング	予想	ワサビ	トカゲ
16	法廷	血	拡大鏡	手品師	有名人	茂み	葉巻	役人
17	チップス	城	カタログ	蛇口	革	オカルト	配当金	卵の殻
18	目隠し	心理学	食堂	石工	サラダ	かつら	病院	七命者
19	花	交差点	ベッド	セーター	空港	ニュース	結合	ハワイ
20	鯨	青写真	ロッカー	ストーブ	肥料	陳列	探偵	大牧場
21	マント	森	綿	ホテル	円錐	興味	太った人	吸血鬼
22	テロリスト	氷山	肘	望遠鏡	集会	チーム	詩	同盟国
23	洗濯	ジャングル	メダル	船	商人	補聴器	裸体	ゆりかご
24	箸	プリン	噴水	舞台	棒	はがき	分数	レタス
25	良心	歩道	ツメ	毛皮	社員食堂	そよ風	マッチ棒	鉛筆
26	プール	自殺	学生	夫婦	オフィス	写真	脂肪	タンカー
27	テーブル	メイド	親指	バクテリア	グラフ	組織	ウサギ	砂丘
28	衛星	ポスト	財布	霊魂	床	ロボット	言葉	凹み
29	ブーツ	石鹸	コート	サウナ	納屋	ネズミ	マット	クラゲ
30	釣り竿	レール	花瓶	手錠	イルカ	エンジニア	検査	日本
31	米	プラスチック	地下室	チェス	潜水艦	カエデ	ビニール	インコ
32	水たまり	マッチ	ロゴ	洪水	岩礁	教室	ブレーキ	排泄物

マイケル・マハルコ『アイデア・バイブル』(ダイヤモンド社)をもとに作成

4 アイデアをあてはめる
～応用～

☛ **掛け算でアイデアを生み出す**

　アイデアの出し方には、「加減乗除」の四則演算があります。
　先ほどの「結合」がアイデアの加減（足し算・引き算）なら、今から述べる「応用」は乗除（掛け算・割り算）に当たります。組み合わせるという点では一見似ていますが、頭の使い方はかなり違ったものになります。
　例を1つ挙げましょう。業績向上の策の1つとして「在庫の削減」というアイデアが挙がってきました。アイデアとしては分かるのですが、具体的にどう減らすかが問題です。それを考えないと、使えるアイデアになりません。
　そこでアイデアのヒントを別の分野から借りてくることにします。「不本意にため込んだものを減らす」ということに関わる事例を他の領域から探してみるのです。
　すぐに思いつくのがダイエットです。体重を減らす方法に何があるのかを考えてみましょう。1食減らす、ジョギングをする、薬を飲む、手術する、ダイエット日記をつける、毎日鏡を見る…。
　ここからがポイントです。この中で、在庫削減に応用できるものはないでしょうか。
　たとえば、毎日鏡を見るというのは、体重オーバーであることを自覚させようというもの。いわゆる「見える化」です。在庫に当てはめていえば、在庫をみんなの目に届くところに積み上げておき、「在庫を減らさなければ…」という意識を醸成しようというアイデアに活かせます。
　このように、一見すると無関係に見えるものからアイデアを借用し、問題解

決に活用するのが、応用によるアイデア発想です。発想を大きく飛躍させるのにもってこいの方法です。

☛アナロジーでアイデアを連想する

　結合と違うのは、アイデアに別の要素をそのまま足し算するのではないことです。問題が持つ本質的な要素やメカニズムを取り出し、他の事例で用いているアイデアを転用することを目指します。いわば**アナロジー（類比）**による発想です。掛け算というのはそういう意味です。

　やり方をあらためて簡単に説明しますので、発想に行き詰まったときに使ってみてください。もっとキッチリとやりたい方は、シネクティス法、ゴードン法、NM法といった**類比発想法**を勉強されることをお勧めします。

1）問題やアイデアから本質的な要素を取り出す

　先ほどの在庫削減を例にして説明します。まずは在庫削減とは何なのか、本

図4-8｜転用によるアイデア発展

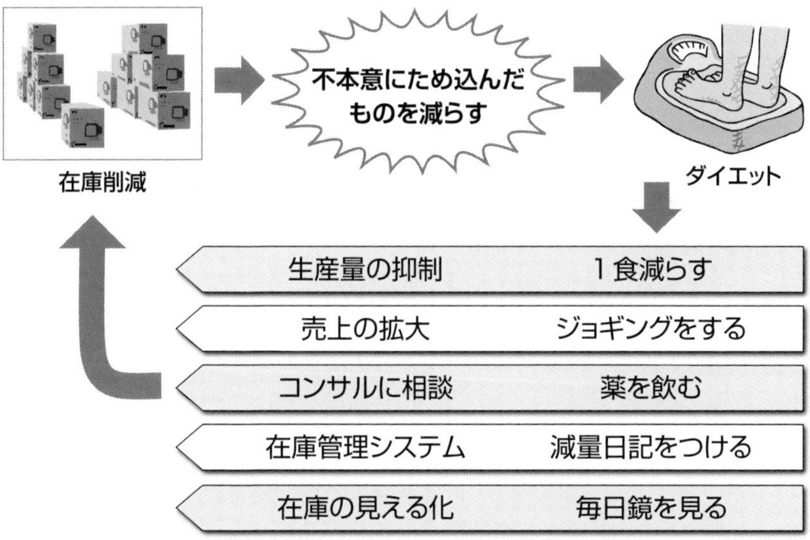

在庫削減 → 不本意にため込んだものを減らす → ダイエット

- 生産量の抑制／1食減らす
- 売上の拡大／ジョギングをする
- コンサルに相談／薬を飲む
- 在庫管理システム／減量日記をつける
- 在庫の見える化／毎日鏡を見る

第4章　アイデアを編集する

質的な要素や解決のメカニズムを取り出します。それが先ほど述べた「不本意にため込んだものを減らす」です。やりにくいときは、「余る」「貯まる」「減らす」といったように要素に分解して考えてみると、さらに分かりやすくなります。

  F これって、要するに、何をすることなのでしょうか？
  F このアイデアを要素に分けると何になるでしょうか？

2）アナロジーに使える事例を集めて最善のものを選ぶ

1）と同じ構図の問題や事例をいくつか挙げていきます。ダイエット、メール、人間関係といったように、たとえるものを探します。その中で、"直観的に"アイデアを生み出すのに使えそうなものを選びます。

  F 同じように○○を△△するものに何がありますか？
  F その中で、アナロジーとして使えそうなものはどれでしょうか？

類比発想法の1つシネティクス法では、直接的類比（モノにたとえる）、擬人的類比（人にたとえる）、象徴的類比（シンボルにたとえる）の3つを使います。たとえが思いつかないときは、こうやって、たとえ方を変えてみてください。

3）事例からのアナロジーで発想する

アナロジーとして選んだ事例で使っているアイデアをできるだけ挙げ、その中からテーマに転用できるものを選びます。たとえば、数あるダイエット手法の中から「鏡を見る」に着目し、そこからヒントを得て「在庫の見える化」を発想するように。

  F その事例ではどんなアイデアを使っているでしょうか？
  F その中で、今のテーマに転用できるものはありませんか？

☛何からでもヒントは得られる

　このようにアナロジーによる発想では、本質的に似ている、つまり何らかの共通点がある事例からヒントを得てアイデアを連想します。

　ところが、本質的に似ているかどうかは考えてみないと分かりません。一見無関係に見えて実は共通点があるということもよくあります（例：「嫌いな野菜を子どもに食べさせる」⇔「新人を教育する」）。そういう意味では、たいていのものはアナロジーに使える。そういっても言い過ぎではありません。

　たとえば、自然の中にアナロジーを得る、こんなアクティビティがあります。自分が考えたいテーマや悩みを決め、山野や海など自然が豊富なところを散策します。第2章で紹介したように感受性を研ぎ澄ませて観察すれば、いろんな発見があるはず。それをアナロジーにしてテーマのアイデアを発想するのです。きっと思わぬヒントが得られることでしょう。

図4-9│自然の中からヒントを得る

　同じように、映画や小説といった物語からヒントを得たり、歴史や出来事といった経験からヒントを得たり。有名な逸話でいえば、3匹の蛇が互いの尾をかみつき合うシーンからベンゼン環の六角形の構造を発見したように、夢や空想からヒントを得ることもあります。

　私たちの周りにはアナロジーの素材がたくさんあります。詳しくは次節で述べますが、常に問題意識を持っておけば何からでもヒントは得られるはずです。

☛フレームが違えばアイデアが変わる

　掛け算の話はおおよそ分かっていただけたと思うので、割り算の話をしましょう。割り算とは、テーマを解釈する背景（フレーム）を入れ替えて、新しい発想を生む方法です。

　たとえば、「ペットボトルの使い方」といった簡単なお題で、ブレストのウ

ォーミングアップをしていたとしましょう。

　誰もが思いつくように、ペットボトルは飲み物を入れるものです。つまり、飲み物という枠組み（フレーム）で見たときに、ペットボトル飲料というアイデアが生まれます。テーマとフレームは、図4-10のように分子/分母の関係にあるわけです。

　だとすれば、フレームを転換すれば、新しいアイデアができるはずです。海というフレームなら浮き輪、運動というフレームならダンベル、動物というフレームなら猫よけといったように。

　そうやって、いろんなフレームを分母に置いてみてアイデアを出し合っていくのです。これが割り算によるアイデア発展です。フレームが変わることで、アイデアが変わっていくのです。

☞状況のリフレーミングで糸口を見つけ出す

　この考え方をさらに発展させたのが**リフレーミング**です。主にカウンセリングの分野で、ネガティブ（損失）フレームからポジティブ（利得）フレームに転換し、相談者の悩みを解決するのに役立てられてきました。

　やり方には、大きく2つあります。1つは**状況のリフレーミング**と呼ばれて

図4-10 ｜ テーマとフレーム

テーマ
（主題、コンテンツ）
──────────　＝　意味
フレーム　　　　　　　　（メッセージ、アイデア）
（背景、コンテクスト）

いるものです。マイナスがプラスとなる状況を見つけ出すことで、問題解決の糸口を発見しようというものです。

M　この商品は完全な失敗だ。
F　そんなことありませんよ。熟年層の反響は良かったじゃありませんか。

ポジティブな状況を見つけ出すには、①人、②時間、③空間、④目的の4つを考えるのが常套法となっています。

M　この商品は完全な失敗だ。
F　どんな人に対してもそうなのですか？（人）
F　長期的に考えてもそうだと言えますか？（時間）
F　海外市場ではそれなりに評価されたのでは？（空間）
F　技術開発という点では成功とは言えませんか？（目的）

このようにリフレーミングをすれば、新たなアイデアを生み出すヒントが得られます。ネガティブなムードに陥りがちなときに、新たなアイデアを考えてみようというエネルギーがよみがえってきます。

☛意味のリフレーミングで価値を変える

リフレーミングのもう1つのやり方が、マイナスをプラスとなるよう意味づけを変える**意味のリフレーミング**です。

M　この商品は完全な失敗だ。
F　成功に向けて一歩進んだということですね。

何か騙された気がする方がいるかもしれません。しかしながら、こう考えることで、どんな教訓が得られたのかを洗い出し、それをまた新たなアイデアの創出に使えます。意味を変えることで、見えてくるものが変わってくるのです。

物事をポジティブに捉える楽観的な人にとっては難しくないスキルですが、日本人にはそうでない人が多く、ちょっとしたコツをお教えしておきます。①仮定、②逆転、③未来、④排他の４つで考えてみると、価値を転換するヒントが得られやすくなります。

　　M　この商品は完全な失敗だ。
　　F　それでもこの商品に価値があるとしたら何ですか？（仮定）
　　F　仮に、見事な成功だと考えたら、何がありますか？（逆転）
　　F　将来、この商品が脚光を浴びるとしたら、なぜ？（未来）
　　F　失敗だといえないところがあるとしたら、何？（排他）

☞ **暗黙の前提を疑おう!**
　このように、私たちの発想が広がらないときには、背景にあるフレームが足かせになっていることがあります。「～ねばならない」「～べきである」「～に

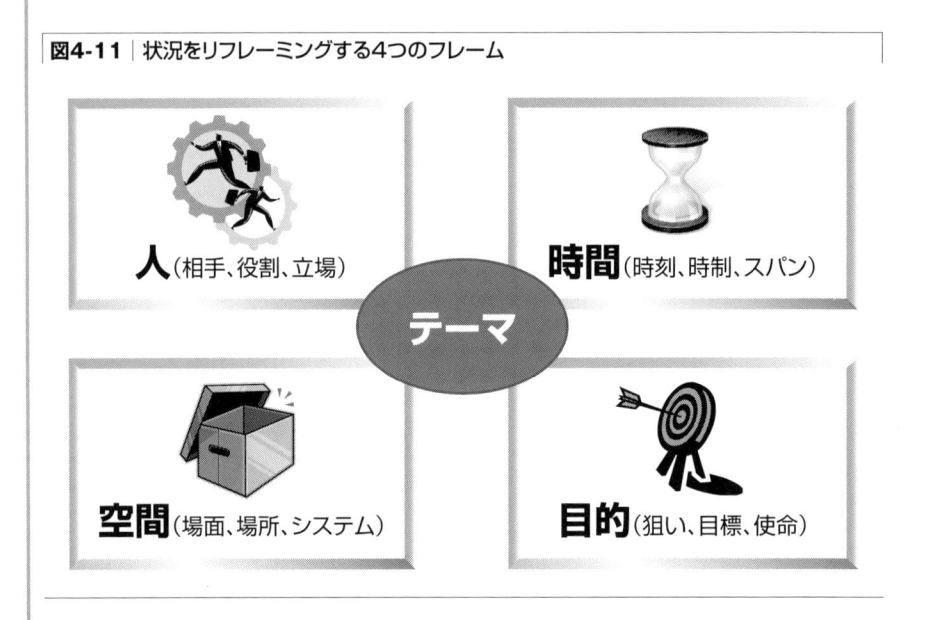

図4-11　状況をリフレーミングする4つのフレーム

人（相手、役割、立場）

時間（時刻、時制、スパン）

テーマ

空間（場面、場所、システム）

目的（狙い、目標、使命）

違いない」「〜のはずだ」といった思い込みです。英語でいえば、mustやshouldです。

それを「〜でもよい」「〜かもしれない」「〜もありえる」「〜もできる」とcanやmayに変えることで、発想の枠が広がっていきます。それがリフレーミングです。

M　この商品は失敗したに違いない。次こそは成功しなければならない。
F　確かに失敗したかもしれませんし、次は成功するほうがいいですね。失敗の中に成功を見出し、成功確率を上げることを考えませんか？

発想に行き詰まったら、前提となる枠組みを疑ってかかる。それを促すのがファシリテーターの大切な仕事となります。

F　○○でなければならないという前提は、本当に正しいのでしょうか？
F　○○という前提をやめたら、どんなアイデアが出せますか？

Column-14 ●ひらめきを逃すな！

　素材をインプットして、あれこれ考えたら、いったん放棄せよ。そのうちひらめきの瞬間が訪れる。これが、ジェームス・ヤングが説く教訓です。古くから中国でも「三上（さんじょう）」という言葉で言われています。馬上、枕上（ちんじょう）、厠上（しじょう）の3つです。
　筆者は通勤電車（現代の馬上）の中でいろいろひらめくことがあり、メモが欠かせません。日本初のノーベル賞受賞者、湯川秀樹氏は枕元にいつでもアイデアをメモできるノートを置いていたそうです。トイレを発想の空間として利用するのもよいですが、くれぐれも長居して他の人の迷惑にならないように…。

5 アイデアをひらめく
～創発～

☛ひらめきは突然やってくる

　コラムで紹介したように、ずっと気になっていた問題の解決策が、トイレで用を足しているときに突然ひらめいた。電車に乗ろうとした瞬間に「ああ、そうか！」と目の前が開けた。皆さんはそんな経験をしたことはありませんか？
　それがアイデア発展の４つ目の方法である「創発」です。いわば、ひらめきによって創造的なアイデアを生み出そうというのです。
　チームでいえば、みんなでブレストをやったり、今まで述べてきた３つの方法（展開、結合、応用）をいろいろやったりしているうちに、誰かの頭に妙案がひらめく（神が降りてくる？）といったケースです。
　でも、それがなぜ生まれたかを説明するのは難しく、「あれこれ考えているうちに直観的にひらめいた」としかいいようがありません。
　そうなんです。今までの方法とは違い、「創発」にはアイデアが生まれる筋道がない（よく分からない？）のです。何とかスキルに落とし込みたいところですが、「こうすれば必ず創発が生まれる」といったものは残念ながらありません。
　せめて私たちにできることは、理由はともあれ、ひらめきが生まれた状況を再現することです。経験則によってひらめきを生み出しやすい状況をつくろうというもので、これなら私たちの手に負えます。それをいくつか紹介していきます。

☛第3の思考法を使いこなす

　ひらめきを得るには、論理思考（ロジカル・シンキング）から創造思考（クリエイティブ・シンキング）へと頭をスイッチしなければなりません。

　論理思考とは、ひとことで言えば"筋道を立てて考える"やり方です。その代表格が、ロジカル・シンキングで必ず出てくる演繹法と帰納法です。

　前者は、いつでも通用する一般的な原理原則から結論を導く考え方です。後者は、実際の個別事象から幅広く成り立つ一般的原理（あるいは推論）を導く方法です。いずれも筋道がはっきりしており、いついかなる場合にも成り立ち、誰にでも説明がつきます。

　それに対して創造思考では、**類推（アブダクション）**と呼ばれる第３の方法を主に使います。いわば筋道のない思考法です。

　たとえば、ラーメンと掃除機、両者に何か共通点があるでしょうか？

図4-12｜3つの思考法

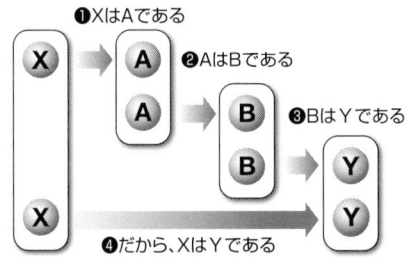

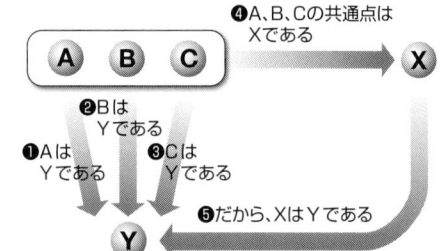

●演繹法
- ❶XはAである
- ❷AはBである
- ❸BはYである
- ❹だから、XはYである

●帰納法
- ❶AはYである
- ❷BはYである
- ❸CはYである
- ❹A、B、Cの共通点はXである
- ❺だから、XはYである

●アブダクション（類推）

- 驚くべき事実から大胆な仮説を生み出す
  例）若者が遊ばなくなった。これは地球温暖化の影響に違いない！

- 矛盾する事柄を止揚する仮説を生み出す
  例）遊びに行きたいけどお金がない。お金儲けを遊びにすればいいんだ！

パッと思いついた人は類推力があります。一見すると何のつながりもないようですが、確かにあります。吸引力によって作業時間が決まるという点です。
　こういった、関連のなさそうなもの同士の共通点を見つける力がアイデア発想で活きてきます。具体的には、発見された事実から大胆な仮説を生み出したり、矛盾する事柄を統合する仮説を生み出したりするときに、類推力が威力を発揮することになります。

経験則① 右脳で考える（映像化、メタファ…）

　では、どうやったらこんな発想が得られるのでしょうか。それには、いくつかの経験則が知られています。まず覚えてほしいのがイメージ化です。
　ラーメンと掃除機と言葉だけ見ていても共通点は見つかりません。要素に分解して比較する左脳的なやり方もあまり役に立ちません。もっと右脳を使わなければなりません。
　そのために一番よいのがイメージ化です。ラーメンやラーメンを食べているシーンを頭の中で思い描き、映像、音、匂いなどをイメージするのです。その様を何かにたとえて、メタファを使うのも１つの方法です。イメージ化すると、ラーメンも掃除機も、何かを音をたてて吸いこんでいく様子がすんなりと思い浮かんできませんか。
　アイデア会議でいえば、出てきたアイデアを絵や図に表してみたり、何か別のものにたとえてみるのです。その作業の中でひらめきが生まれることもありますし、できあがったものを眺めているうちにひらめくこともあります。ビジュアル・シンキングは類推力を高める優れた手法でもあるのです。

経験則② 頭の中に空白をつくる

　「緩める」というのも、よく知られた経験則です。皆さんも、いくら考えても良いアイデアが浮かばず、一服してコーヒーを飲んでいたら…という経験があると思います。なぜかは分かりませんが、とことん考え抜いた末に、少し考えるのを止めたとき、ひらめきがやってくるのです。
　これもアイデア会議でいえば、行き詰まったときはそれ以上やっても良い知恵は浮かんでこないということです。いったん考えるのを放棄して、休憩した

り、馬鹿話をしたりして脳を緩めてみましょう。

　時間が許すなら散歩するのも良い方法です。京都では「哲学の道」と呼ばれる有名な思索のための散歩道があります。筆者も、発想に行き詰まったら自宅近くの山を歩くことにしています。ぼんやりといろんなことを考えることができ、ひらめくことも多いです。

　ポイントは通い慣れた道であること。でないと、歩いたり周囲を見たりするのに神経が集中してしまい、頭に隙間が生まれなくなってしまいます。

経験則③ 俯瞰的に考える

　アイデア会議でまったく発言しない人がたまにいます。ところが、サボっているのかと思いきや、突然、目からウロコの意外なアイデアを出してくれることがあります。

　逆に、アイデアを量産している人は、頭の中にあるものを次から次へと吐き出しているだけで、案外考えていないのかもしれません。それよりも、こんなふうに黙っている人のほうが、全体の様子を俯瞰的に捉えながら、じっくりと考えているのかもしれません。

　俯瞰的にチームやアイデア出しの状況を見ることを**メタ認知**と呼びます。場から離れて天井から全体を見ているようなイメージです。そうすることで、創造的なアイデアが生まれやすくなることも、経験則として知られています。気持ちではなく、視点を緩めることの効果です。

　なので、黙っている人に無闇に発言を振るのがよいとは限りません。あえてアイデア出しには加わらず、全体を見てもらえるようお願いする手もあります。頃合いを見て思索の結果を訊いてみるのです。

　F　　全体を眺めて何か気がついたことがあれば指摘してくださいね。
　F　　これらのアイデアを見て何かひらめいたことはありませんか？

　あるいは、テーマに詳しくない素人や他分野の専門家を呼んできて、アイデア全般を眺めて、気がついたことを指摘してもらうという方法もあります。案外、的を射た指摘があり、ハッと我に返ることがあります。

6 付箋を使った アイデア編集法

☞親和図法はアイデアづくりの強い味方

　ここまで述べてきたいろんな発想テクニックを網羅できる優れた手法があります。それが**親和図法**です。日常的なビジネスシーンでは、ブレストと親和図法さえマスターしておけば、ほとんど事足りるはずです。

　文化人類学者の川喜田二郎氏が自身の研究のために開発した**KJ法**。そのエッセンスを取り出した簡便法が親和図法です。やり方を簡単に紹介しますので、さらに深めたい方はオリジナルのKJ法を勉強されることをお勧めします。

　1）テーマについて話し合う
　5～8人程度のチームをつくり、アイデア出しの目的やテーマについて自由に語り合って認識や解釈をすり合わせます。

　2）各自の思いを付箋に書き出す
　1人10～20枚くらいの目標を立て、名刺大の付箋に各自のアイデアや意見を分かりやすく書き出します。付箋に2～3行程度（数十文字）が適当です。

　3）グループ化しながら付箋を並べていく
　模造紙（またはホワイトボード）に各自のアイデアを紹介しながら付箋を並べていきます。そのときに、内容が近いアイデアは近くに並べ、小さなグループをつくっていきます。すべての付箋を置くまでこの作業を続けます。このときはブレストと同様、批判は厳禁です。

　4）グループにメッセージをつける
　小グループを枠囲みし、含まれる付箋の内容を一言で表すメッセージをつけ、付箋に書いて貼ります。すべてのグループにメッセージがついたら、追加すべ

きアイデアはないかチェックし、必要であれば書き足します。内容が2つにまたがる付箋は2枚に分けます。孤立した付箋があっても気にせずに進めます。

5）大きなグループに統合していく

小グループのメッセージ同士を見比べ、似たものがあれば近くに置き直し、さらに大きなグループにまとめてメッセージをつけます。この作業を、小グループ→中グループ→大グループと繰り返し、最終的に3〜4つくらいのグループになるまでやります。

6）グループ同士の関係を明らかにする

一通り終わったら、グループ同士の関係を話し合います。必要に応じて矢印をつけてつなげ、お互いの関係が一目で分かるようにします。

ポイント①　事前のインストラクションが大切

親和図法を「付箋を使って意見を整理する方法」だと勘違いしている人が大勢います。それだけではもったいなく、アイデアの発想や発展に使わないと宝の持ち腐れです。

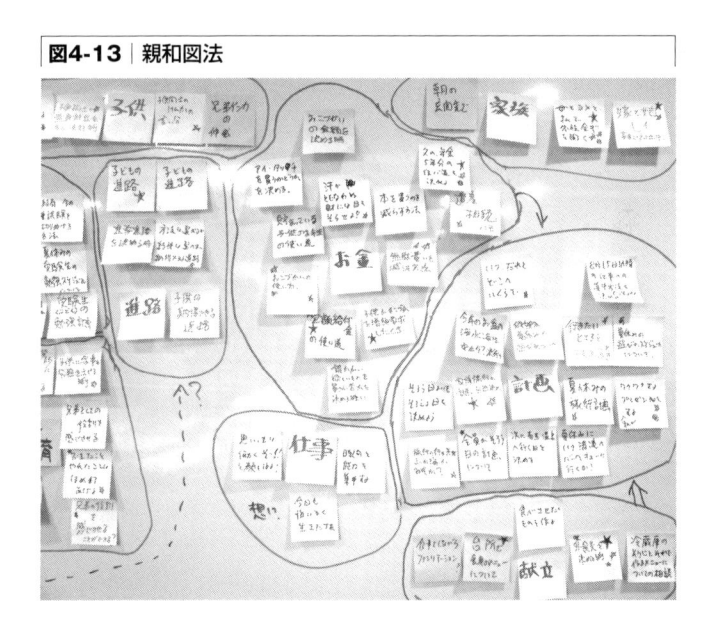

図4-13｜親和図法

筆者が実践の中で見つけた、親和図法を効果的に使うためのポイントを今から列挙していきます。どれでもよいから試してみると、場が違ったものになると思います。まずはアイデアを出す前の準備から。

- ある程度の情報や意識の共有ができた上でやらないと、底の浅いものになってしまいます。使うタイミングを見計らうことが大切です。
- テーマに対するレベル合わせをする。いきなり付箋を書き出さないこと。
- 付箋の書き方のルール（字の大きさ、1項目1枚、文字数など）やゴール（目標枚数）をしっかりと共有しましょう。
- 「○○を△△する」といったように、読んで分かる表現を心がけること。
- 書くときに手札が見えるようにしておくと、他の人のヒントになります。
- ファシリテーターが手本を見せ、一度練習をしてから始めるとよいです。

ポイント② 全員を平等に発想に貢献させる

　次に各自でアイデアを出すときのポイントです。全員が平等に参加するための工夫がいくつかあります。

- 必ず全員が見える位置にテーマを大きく書いておきましょう。
- 似たようなアイデアは出しづらくなるので、なるべく1人1枚ずつ順番に付箋を出していくのが望ましいやり方です。
- 付箋をもらってファシリテーターが読み上げるのは禁止。必ず当人がアイデアを説明してから付箋を受けとるようにします。
- 分かりにくいアイデアは、ファシリテーターが説明を求めるようにします。
- 全部出した後で追加のアイデアを募ることを忘れないように。このときはファシリテーターが書き留めるのでも構いません。

ポイント③ 類推力を効かせて統合する

　そして一番難しいのが、アイデアのまとめ方です。単なるカテゴリー分けにならないよう、十分に注意する必要があります。

- 分類が目的ではないので、大項目→中項目→小項目と決して逆順でやらないこと。特に論理思考が得意な頭のよい人の先走りに注意しましょう。
- 一度に大量の数の付箋をグルーピングせずに小まめにやること（慣れないうちは３〜４枚が適当）。あまりに多いと、抽象的になりすぎたり、難しくてメッセージがつけられなくなります。
- ファシリテーターが勝手にメッセージをつけてしまわないこと。ファシリテーターがやる場合は了解をとるのがエチケットです。
- ○○系といった切り口／観点／カテゴリー名をメッセージとしてつけないように。多少長くなってもよいので、元の付箋にあったアイデアの良さを消さないようにしましょう。
- 各グループにつけたメッセージが、もともとのテーマ（問い）に対する答えになっているか確認することが大切です。

☛メッセージを導き出す３つの方法

　この中で、多くの方が悩むのが、グルーピングした後のメッセージの付け方だと思います。それには３つの方法があります。

　一番簡単なのが「包含関係を調べて、代表するアイデアを選ぶ」です。たとえば、図4-14のような３つのアイデアが出てきたとしましょう。この中で「役割を超えて自由に対話できる場をつくる」というのは、他の２つを含んでおり、統合されたメッセージとして使えます。

　２つ目の方法は、各々のアイデアからキーワードをつまみだして、すべてを網羅するアイデアをつくるやり方です。単なる羅列では文章が長くなり、総花的になってしまいます。意味を明快に表現しつつコンパクトにまとめる文章力が要求されます。キーワードの中でどの言葉を重要視するか、優先順位をつけて表現すれば、多少メリハリがつきやすくなります。

　３つ目の方法は、それぞれのアイデアの裏にある思い、イメージ、願望、真意など、隠れた本質を引っ張り出すやり方です。心の中にあるものをピッタリ表す言葉が見つかれば、「そうそう、それそれ！」と納得感が得られます。試行錯誤を繰り返し、皆が納得いくまで言葉を磨く粘り強さがものを言います。

☞試行錯誤を繰り返そう!

親和図法で一番多い失敗は、ありきたりの切り口で付箋を分類し、ありきたりの切り口をメッセージにつけてしまった、というものです。よく登場する典型例は「内部／外部」「質／量」「人／物／金」「ハード／ソフト」です。これでは単なる整理にすぎず、新しい発見も発想も生まれてきません。

親和図法の良さは、アイデア同士を自由に組み合わせ、そこから新しいアイデアが生まれてくるところにあります。整理することに主眼があるのではありません。

そこで大切になるのが、やはり類推力です。

一見すると無関係に見えるものの中に共通点を見出し、新たな切り口でグループをつくっていく。それも、一度つくったら、壊して、新しい分類を3回、4回とつくってみるくらいでちょうどよいです。その苦労の中から、新たなアイデアが湧き起こってきます。

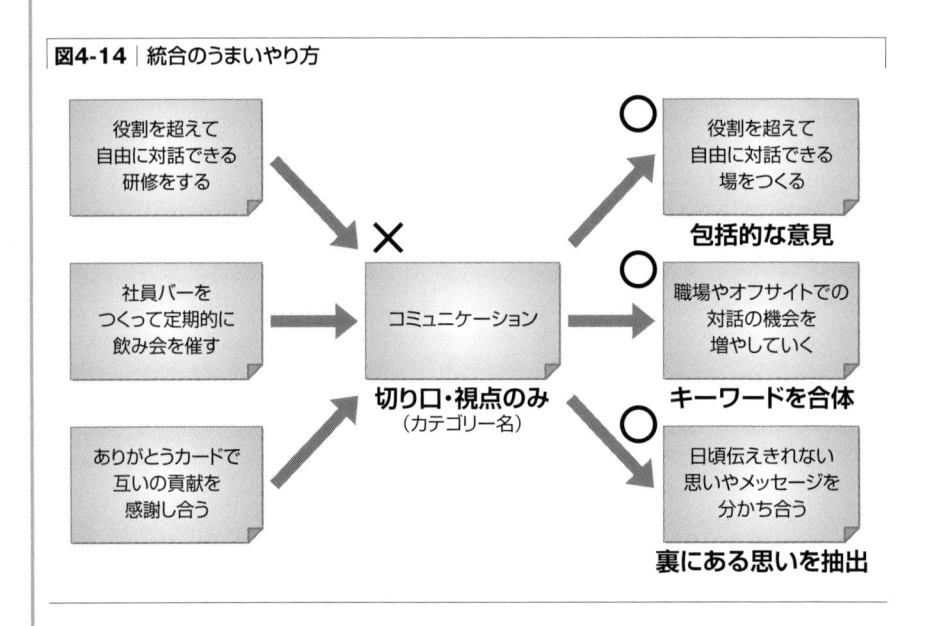

図4-14 統合のうまいやり方

左側（×の例）：
- 役割を超えて自由に対話できる研修をする
- 社員バーをつくって定期的に飲み会を催す
- ありがとうカードで互いの貢献を感謝し合う

→ コミュニケーション
切り口・視点のみ（カテゴリー名）

右側（○の例）：
- 役割を超えて自由に対話できる場をつくる　**包括的な意見**
- 職場やオフサイトでの対話の機会を増やしていく　**キーワードを合体**
- 日頃伝えきれない思いやメッセージを分かち合う　**裏にある思いを抽出**

☛類推力を高めるトレーニング①　分ける

　ありきたりの切り口で分類してしまわないよう、類推力を高めるトレーニングを紹介します。NHKのTV番組「テストの花道」の中で紹介されていたもので、親和図法をやる前のウォーミングアップとしても使えます。

①図4-15のように、一見すると無関係に見える20枚のトピックを用意します。1項目を1枚の付箋に書き出して準備をします。

②20枚の付箋を5つのグループに分けます。1つのグループに入る付箋の数は自由ですが、20枚の付箋を余さず使わなければなりません。無事に分けられたら各グループに簡単な名前をつけます。

③1つのパターンができたら、それを壊してまったく別のパターンで分けてみましょう。ただし、既に使ったグループは使えません。そうやって決められた時間に何パターンできるかを個人やチームで競います。

　一度できたグループ分けを壊して、新しいものを考えるのはかなり大変。2パターンくらいは簡単にできますが、3つ目くらいから相当苦しくなります。

図4-15｜類推力を高めるアクティビティ

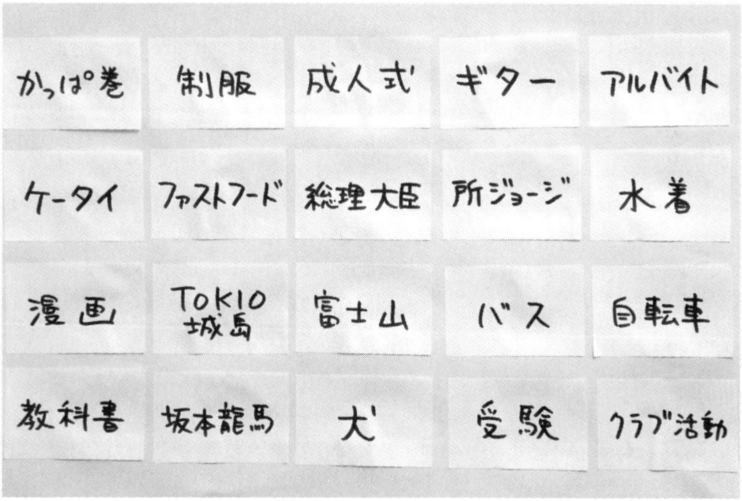

かっぱ巻	制服	成人式	ギター	アルバイト
ケータイ	ファストフード	総理大臣	所ジョージ	水着
漫画	TOKIO城島	富士山	バス	自転車
教科書	坂本龍馬	犬	受験	クラブ活動

NHK「テストの花道」を参考に作成

☛類推力を高めるトレーニング②　統合する

　親和図法のもう１つの勘どころは、アイデアの統合、つまりグループのメッセージの付け方です。抽象的すぎると元の良さが損なわれ、かといって全部くっつけたのでは冗長になってしまう。やはり類推力を使って、見えない共通項を見つけ出さないと、エッジの効いたしっくりくるメッセージになりません。先ほどと同じ付箋を使って別のトレーニングをやってみましょう。

①先ほどと同様、図4-15に挙げた項目を付箋に書き出します。
②付箋を裏返しにして、ランダムに２枚選び出します。その２枚を１つのグループに統合させるとしたら、どんなメッセージをつければよいか。図4-14の要領で考えて発表します。なぞかけ（○○とかけて、△△と解く、そのココロは…）でやるのも楽しいです。
③終わったら、また次の２枚をめくって同じように共通点を探して発表します。慣れてきたら、これを３枚、４枚と枚数を増やしていきます。これも個人やチームで競い合うと楽しくやれます。

Column-15 ●なりきりプレゼン

　ダイハツ工業が、新たなデザインフィロソフィーを構築するワークショップの中で、他の人の意見を、その人に代わって別の誰かに向けてプレゼンする、ということをしたそうです。
　なんてことのないアクティビティのように見えますが、けっこう巧妙です。このためには、他人の意見をしっかり理解せねばならず、第２章のインプットになっています。自分のプレゼンに焼き直すときには、他人の意見のよいところを一所懸命に探すようになり、第４章の編集の要素が入り込んできます。しかも、それをプレゼンという形にすることで、第５章のプロトタイピングにもなっています。

　　　　　　　　　　　　（出所：『ブレーン』2012年7月号）

第5章

アイデアを表現する
Prototyping

1 なぜプロトタイピングなのか?

☛なぜ幼稚園児の成績が高いのか?

　アイデアがある程度かたまったら、絵、モデル、物語などを使って"カタチ"にしていきましょう。これが**プロトタイピング**（試作）です。
　ここで、勘違いしてほしくないのですが、これはアイデアを紹介したり、誰かを説得するデモンストレーションのためのものではありません。アイデアをより良くするための試作です。
　プロトタイピングの最大の効果は、カタチにするという作業を通じて、アイデアやコンセプトについて深く考えることです。カタチにするには細部まで考えざるをえません。考えながらつくり、つくりながら考える。身体性をともなう試行錯誤、これがプロトタイピングの一番の目的です。
　皆さんは、マシュマロ・チャレンジというエクササイズをご存じでしょうか？20本のスパゲッティ（乾麺）、90センチのひもとテープ、1つのマシュマロ（頂上に載せる）を使って、18分間にどれだけ高い自立した構造物をつくることができるかを競うゲームです。チーム・ビルディングのためのエクササイズで、興味のある方は動画サイトを検索してみてください。
　興味深いのは、ビジネスパーソンがやるとあまり良い成績が出ない、という報告です。
　筆者もやってみたことがあるのですが、どうしても1つの正しい答えを直線的に見つけようとして、基本コンセプト→計画立案→作業分担→施工という流れを踏んでしまいます。そうなると、時間切れ寸前にマシュマロを頂上に載せることになり、載せた瞬間にタワーが崩れるというハメになります。

それに対して、優秀な成績をおさめるのが幼稚園児だそうです。いきなり、マシュマロをできるだけ高いところに持っていくための方法をあれこれと試し、高くてユニークなタワーをつくっていくらしいです。まさにプロトタイピングの重要性を示唆しているわけです。

☛アイデアをカタチにしよう!

話を戻しましょう。世の中にはやってみないと分からないこともあります。一度カタチにしてみると、アイデアの不具合や練られていないところがよく分かります。

「AとBのどちらがよいのだろうか?」とアイデアの選択で悩んだり、「これでいいのだろうか?」と疑問点があるなら、あれこれ考えるよりもカタチにしてみるほうが早いです。それも、完璧なものに仕上げる必要はなく、多少いい加減でもアイデアが表現できれば十分です

プロトタイプをつくることで、ときにアイデアに致命的な欠点が見つかったり、使い物にならないことが分かったりするかもしれません。それはそれでありがたく、早い段階で不具合が見つかれば、いらぬ苦労をしなくてすみます。

そこから新しい発想が生まれるかもしれません。「早い失敗」はアイデアを

図5-1 マシュマロ・チャレンジ

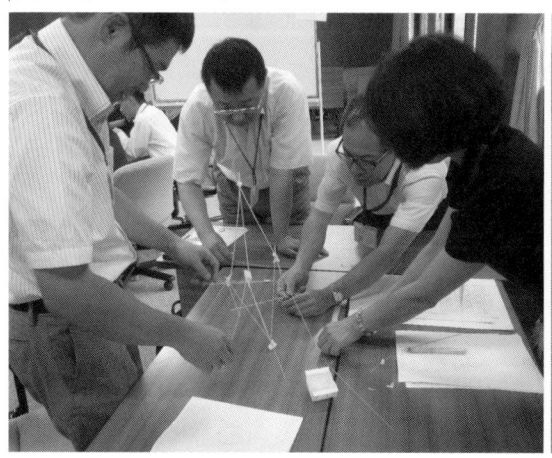

第5章 アイデアを表現する

練り上げるのに欠かせず、仮説検証のサイクルを早く回したほうがよいのです。
　一般的にプロトタイプはアイデア、コンセプト、企画などが望ましい方向で仕上がっているかを確かめるためにつくります。確かめるべきものは３つあり、それによって、プロトタイプに要求されるレベルが違ってきます。

　①効果性を検証するため
　②市場性を検証するため
　③事業性を検証するため

　本書は企画やマーケティングの本ではないので、主にアイデアが有効かどうかを検証する①の場合を念頭にポイントを解説していきます。

ポイント① 早くつくる

　プロトタイピングで何より大切なのは早くつくることです。「もう少し良いアイデアが出たら…」と考えず、ある程度アイデアがかたまったらすぐにカタチにしていきましょう。頭の中で考えるよりも、つくって考えたほうが早い。それがマシュマロ・チャレンジの教訓です。
　しかも、アイデアが検証できればよく、完成度はそれほど求められません。「もっとよいものができたら…」と考えずに、すぐにつくってどんどん見てもらいましょう。
　中には「検討不足のアイデアで中途半端なものをつくったら、間違った印象や判断を与えてしまう」と言う人がいます。それは大きな勘違い。筆者の経験からいえば、かなり練り込み不足であっても、筋の良いアイデアは必ず伝わります。完成度が低いくらいで伝わらないようなら、筋が悪いとあきらめ、発想を転換するほうがよいでしょう。

ポイント② 経験を表す

　プロトタイピングは単なる試作品ではありません。アイデアが生み出す便益（ベネフィット）を、対象者が実際に味わう「経験」として表さなければなりません。これを**経験プロトタイピング**と呼びます。

商品やサービスでいえば、形や機能を表すだけではなく、それを活用する人の行動や状況、それを使った生活を表現するようにします。そうしないと、アイデアの意図や価値がつかみづらくなり、その良さが正しく評価できなくなってしまいます。

　経験を表すには、誰が、いつ、どこで、何を、なぜ、どうやってといったコンテクスト（文脈）が分かるようにするのがポイントです。あるいは「AがBになる」といったように、行動や心理のプロセスや変化を表すと分かりやすくなります。

ポイント③　五感に訴える

　経験を表すときに大切なのは、「五感に訴えるようにする」ことです。プロトタイプでは、視覚、聴覚、嗅覚、味覚、触覚といった五感で感じられるように表現することが求められます。

　アイデアをくどくどと理屈で説明しても、本当に大切な部分はよく伝わらないものです。いくら理屈が合っていても、「ピン！」と来ないアイデアは筋がよいとはいえません。直感や直観を働かせるには五感に訴える表現が欠かせません。

　それに、アイデアが最終的に商品やサービスという形で具現化されたときに、使い手はいろんな感覚を用いて総合的に判断します。なるべくそれに近くなるように表現しないと、適切な評価ができなくなります。

図5-2｜プロトタイプ発表会

☛ プロトタイピングがチームを強くする

　メンバーにとってプロトタイピングは苦しいながらも楽しい作業となります。一緒に手を動かすことで、協調性や結束が高まってきます。専門家が集まってつくると、予想もしない素晴らしい作品ができる可能性もあります。
　ところが、カタチにしていく過程では、どうしても分業で進めてしまい、みんな黙々と担当する仕事に没頭するといった状態になります。メンバー同士のコミュニケーションが減り気味になり、せっかくのチームの相乗効果が活かせず、創発が起きにくくなってしまいます。
　ファシリテーターとしては、進捗のマネジメントをしながら、メンバーにポジティブなフィードバックを返して励ましましょう。それと同時に、チームのコミュニケーションの橋渡し役を務めていくことが大切です。

　　F　さあ、もう一息です。皆さん、頑張りましょう！
　　F　さすが、○○さん。とてもよくできていると、△△さんがおっしゃっていましたよ。

　また、自分がつくったものには強いこだわりが生まれるため、メンバー間で試作品の方向性をめぐって激しい対立や衝突が生まれることもあります。コンフリクト（葛藤）のマネジメントをするのもファシリテーターの役割となり、詳しくは第6章でお話しします。

　　F　○○をする前に、△△を決めておかないと、問題になりませんか？
　　F　Aさんが○○してほしいとおっしゃっています。一度、すり合わせをしておきませんか？
　　F　AさんもBさんも目指すところは一緒のはず。ここはどちらかを選ぶのではなく、両立できる道を探しませんか。

図5-3 ワークショップでのプロトタイピング

Column-16 ● 思いついたら見せる

　「ハードウェアの場合、最終段階で実際に動くようになって初めて分かる問題が結構ある。このボタンはこっちのほうが使いやすいとか、むしろないほうがいいとか、そういう問題が最後の最後で分かる」と岐阜県立国際情報科学芸術アカデミー（IAMAS）の小林茂氏は述べています。

　これを回避するには、「紙のスケッチから、粘土などでモデルを起こし、ビデオで撮影しながら動きをイメージする。次に、実際にセンサなどを組み込んでラフな試作品を作り、メカニズムの動作などを試す。方向が定まったら基板や筐体を作り込み、実際に体験できるプロトタイプを作る。それを多くの人に見てもらい、改良を加えていく――。こうした手順を踏めば、まず失敗はない」と。

　プロトタイプをつくり、実際に使ってみてコメントをもらう。これが大事です。ソニー創業者の盛田昭夫氏も、研究所で新製品を作ったら必ず友達に見せていたそうです。

（出所：『週刊ダイヤモンド』2010年5月22日号）

2 言葉で表現する

　ここからは、プロトタイプのいろんな表現方法を紹介していきます。どんなときに、どれを選ぶか悩むかもしれませんが、それこそやってみてから考えるのが近道。一通りは使いこなせるようになっておいて、アイデアを表すのに一番ふさわしい手段を、試行錯誤の中から見つけ出しましょう。

☛シャープさと多義性を併せ持つ

　どんなカタチで表現しようとも、最終的には試作品にタイトルをつける必要があります。その良し悪しで、訴える力も試作品を見る目も大きく変わってきます。口頭や文章で説明するにしても、タイトルなしではすみません。タイトルやキャッチコピーは、もっともシンプルなプロトタイプだといえます。

　タイトルはアイデアをひとことで表現するものであり、短いに越したことはありません。かといって、単に内容を抽象化して表現したのでは、アピール力が下がります。図5-4に2011年によく売れた本とスタジオ・ジブリの映画のタイトルを挙げておきますので、タイトルづくりのお手本にしてみてください。

　タイトルで一番大切なのは、『人生がときめく片づけの魔法』のように、内容の本質をついた、エッジの効いたシャープな言葉を選ぶことです。

　たとえば、『千と千尋の物語』とせずに『千と千尋の神隠し』としたからインパクトが強くなっているのです。しかも「神隠し」という言葉は、人によっていろんなイメージや意味を喚起する表情の豊かな言葉です。

　このように、内容の本質をエッジを効かせて表現しながらも、人によっていろいろ解釈できる**多義性**を持った言葉を選ぶ。これがタイトルづくりの1つの

ポイントとなります。

『謎解きはディナーのあとで』『耳をすませば』のように、あたかもその情景が浮かびそうな、五感に訴えるフレーズをつくるのも常套法です。良いプロトタイプは直感に訴える、という原則はここでも活きてきます。

☛ 意外性と納得感を両立させよう

もう1つ重要なのは、『KAGEROU』『もののけ姫』のように、手垢のついていない、オリジナリティのある新鮮な言葉を使うことです。

タイトルがありきたりだと、アイデアもありきたりだと思われてしまいます。「おっ、何か面白そうだ」と思わせるには、軽い驚きが大切です。

かといって、奇をてらい過ぎると、何を意味するのか分からなくなります。半歩先くらいが適当。何歩も先にいくと内容がまったく想像できなくなります。

図5-4│タイトルの例

ベストセラー(2011年)		ジブリ映画	
心を整える。	もし高校野球の女子マネージャーがドラッカーの『マネジメント』を読んだら	千と千尋の神隠し	魔女の宅急便
KAGEROU	9割がバイトでも最高のスタッフに育つディズニーの教え方	ハウルの動く城	おもひでぽろぽろ
くじけないで	人生がときめく片づけの魔法	もののけ姫	耳をすませば
老いの才覚	謎解きはディナーのあとで	崖の上のポニョ	風の谷のナウシカ
伝える力	体脂肪計タニタの社員食堂	猫の恩返し	となりのトトロ
官僚の責任	本当に頭がよくなる1分間勉強法	紅の豚	天空の城ラピュタ

その上で「なるほど、だからこのタイトルなのか」と思えることも大切です。
　言い換えると、意外性がありつつも納得感がある。矛盾しているようですが、それが優れたタイトルの1つの条件となります。

☛言葉の新しい組み合わせを考える

　「そういわれても、新しい言葉なんて浮かばないよ」という人も多いと思います。でも、そんなことはないはずです。もう一度前章のアイデア編集の4つの方法を思い出してください。
　図5-4をよく見ると、「老い＋才覚」「猫＋恩返し」といったように、組み合わせの新しさで、新しさを打ち出しているものが多数あります。「アイデア編集法②　結合」に当たります。新しいフレーズを考えるのではなく、新しい言葉の組み合わせに知恵をひねれば、ユニークなタイトルになるわけです。
　中でもやりやすいのが、この言葉には当然この言葉がセットになる、といった常識をずらしていく方法です。たとえば、恩返しといえば鶴。それを猫にするといったやり方です。当たり前を裏切ることで目新しさが表現できます。
　さらに発展させると、「高校野球＋ドラッカー」「バイト＋最高のスタッフ」のように、一見すると矛盾する言葉を組み合わせる方法になります（**矛盾語法**と呼びます）。うまくいけば、「えっ、どういうこと？」「そんなのある？」と強い興味を引くことになります。これも奇をてらっただけではダメで、なるほどと思わせることが大切です。
　もし、意外な言葉の組み合わせが見つからない場合は、語順を変えてみましょう。たとえば、『人生がときめく片付けの魔法』は「魔法の片付け」ではなく「片付けの魔法」としたところにヒットの要因があるそうです。
　一度できあがったタイトルも、面倒がらず語順を変えてもう一度考えてみる。そうやって新しい言葉ができないかにトコトンこだわってみましょう。

☛メタファを使ってみよう

　あるいは「アイデア編集③　応用」で紹介した、メタファを使うという手もあります。人生をたとえた『KAGEROU』がそれに当たります。
　メタファを使うことで、豊かな情報をダイレクトに伝えることができます。

「そうそう、それだよ!」とメンバー間のコンセプトの共有にも役に立ちます。絵や物語といった、他のプロトタイピングとあわせると、イメージ喚起力はさらに高まります。

　必ずしもアイデアの全部をメタファにする必要はなく、少女の成長と冒険の物語を「神隠し」と呼んだように、内容の一部をメタファで表す手もあります。「となりのトトロ方式の顧客サービス」のように、既に一定の評価を得ている他のタイトルを転用するのも１つの方法です。

☛ファシリテーターが言語化を助ける

　タイトルづくりの作業をやっていると、「伝えたいことはあるんだけど、うまく言葉にならない」「なんかしっくりこず、もっと良い言葉があるはずだ」といった状況がよく起こります。

　ファシリテーターとしては助け船を出したいものの、そうしてしまうと当事者意識や納得感が下がってしまう。そんなときは、複数例を挙げて選択してもらうようにします。

F　皆さんの言いたいことって、要するに○○なんじゃないですか？　それとも△△ということですか？

F　たとえば、○○とか、△△とかどうでしょうか。あるいは□□というのはどうですか？

F　そのイメージを何かにたとえるとしたら、○○でしょうか？　それとも△△ですか？

　この技は、ファシリテーターがかなりボキャブラリーを持っていないとできません。普段からいろんな情報に触れたり、さまざまな経験を積むことで語彙を増やしておかなければなりません。それが難しい方は類語辞典（ウェブサイトもあります）を手元に置いておくことをお勧めします。豊富な語彙は第４章で解説したグルーピング時のメッセージをひねり出すときにも大きな助けになってくれるはずです。

3 ビジュアルで表現する

☛ 一番手軽で効果があるビジュアル化

　私たちは、普段使う情報の80％以上を視覚から得ています。アイデアやコンセプトをビジュアルに表すことは、手軽にできてもっとも効果が高い表現方法です。

　絵、グラフィック、ポスター、カタログ、チラシ、ニューズレター、写真、スライドショー、紙芝居、マップ、コラージュなど、いろんなカタチでアイデアが表せます。ロゴやトレードマークといったシンボルづくりも、奥の深い議論ができるプロトタイプです。

　やり方としては、ペンと紙で手づくりするアナログ方式と、パソコンやデジカメを使うデジタル方式がありますが、どちらがよいとは一概にはいえません。プロトタイプの目的、アイデアの内容、与えられた資源などを見比べて、最適な方法を選ぶようにしましょう。

　なかなかビジュアルにできないときは、メタファ（比喩）を使ってみることをお勧めします。自然、地球、人物、文化、都市、製品など何か他のものにたとえて表してみるのです。そうすれば、言葉になりにくいものもうまく表現できます。

☛ 絵心がないと悩む方のために

　ビジュアルの話をすると、必ず「私は絵のセンスがなくて…」と尻込みする人が現れます。勘違いしないでください。ここでやるのはあくまでもアイデアの有効性を確かめるためのプロトタイピングです。

図5-5 | グラフィック

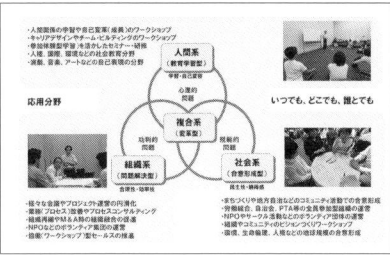

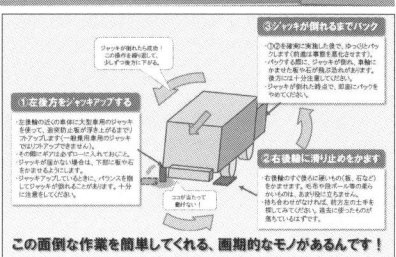

図5-6 | 写真／スライドショー

第5章 アイデアを表現する

図5-7 ポスター

図5-8 カタログ／チラシ

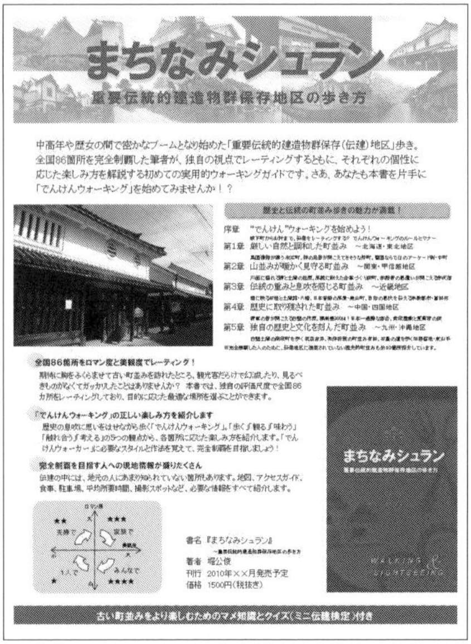

図5-9 紙芝居

図5-10 | コラージュ

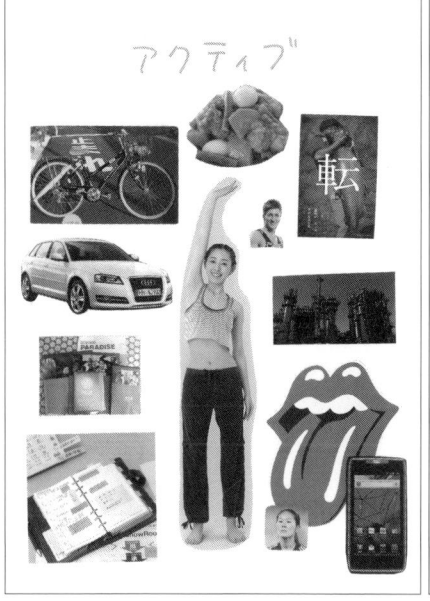

図5-11 | ニューズレター

図5-12 | 絵画

第5章　アイデアを表現する

図5-13 | ロゴ

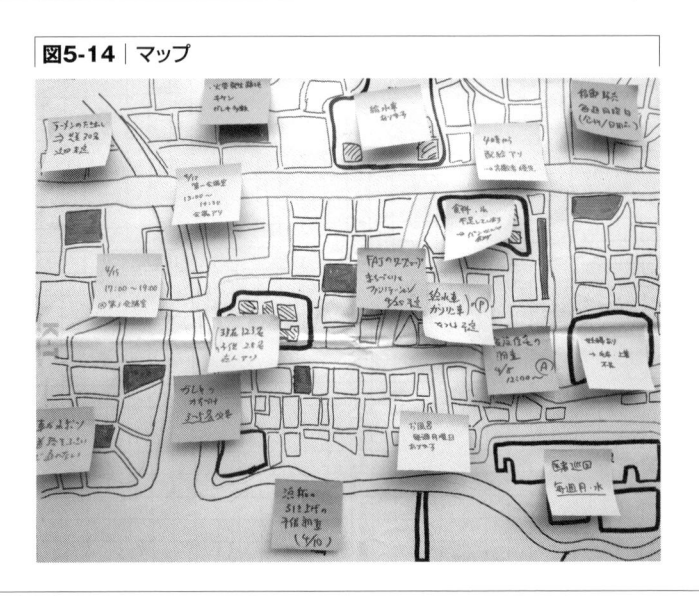

図5-14 | マップ

図5-15 | メタファ

美しいイラストを描く必要はありません。アイデアが意味するものが分かればよいのです。丸や三角といった簡単な図形を組み合わせて、モノのカタチや人の仕草が描ければ十分です。

　もちろん、絵心があるに越したことはなく、絵で表現できる力をつけておくことはアイデア発想に携わる人間として身につけてほしいスキルの1つです。機会があれば、イラストを描く練習をしておくと、いろんな場面で役に立ちます。

　とはいえ、チームで仕事をしているのですから、全員に絵心がある必要はありません。相対的に見てセンスがありそうな人に絵を描いてもらい（大抵は、自分から名乗りを上げてくれます）、そうでない人はキャッチコピーや説明文で貢献すればよいのです。

　大切なのは、それぞれの持ち味を活かすこと。そのほうが独創的なプロトタイプができあがります。ファシリテーターとしては、メンバーの得意・不得意を見極めつつ、適材適所となるように努めましょう。

Column-17 ● 1枚の絵が語る未来

　ブラザー工業のある開発部門では、チームの理念を共有するのに1枚の絵を活用しています。火星の表面に宇宙船から降り立ち、一番乗りの旗を手に火星人と握手している。その映像を見ている地球の支援センターの人たちが抱き合って喜んでいる。そんなSF映画のような絵です。

　そこには自分たちの思いが表れており、目指す姿が凝縮されています。抽象的な言葉で理念を伝えるより、絵のほうがはるかに腑に落ちるのです。

　　　　　　　（出所：『日経ビジネス』2011年3月7日号）

4 ストーリーで表現する

☛ もうそれが存在しているかのように

　アイデアや思いが実現した状況や出来事を物語（**ストーリー**）で表現すると、聞き手の心に響き、直観的に内容が理解できます。物語はプロトタイプには欠かせない表現手段の1つです。

　皆さんはSoup Stock Tokyoというお店をご存じでしょうか。東京以外の方にはあまり馴染みがないかもしれませんが、スープを中心とした外食チェーンです。三菱商事の社員だった遠山正道氏が起業してつくったお店です。

　飲食業界の新規事業室に出向した氏は、ある日、都会の女性向けのスープの店というアイデアがひらめきました。それを実現するために「『スープのある一日』という物語形式の企画書を三ヶ月かかって書きました」「企画書は、もう既にそれが存在しているかのようなスタイルで書きました。企画が実現した未来のことを、さらに先の未来から振り返って過去形で書いたのです」（遠山正道『スープで、いきます』新潮社）。

　その一部を図5-16に載せておきますので、物語が持つ力を実感ください。しかも、氏は店名、ロゴマーク、商品写真、ポスター、お店のデザイン画まで用意したとか。まさに完璧なプロトタイピングです。ちなみにこの物語は、今でも社内でバイブルになっているそうです。

☛ 物語の力を使ってリアルな体験を

　良い物語と良い語り手（ストーリーテラー）があれば、単に物語を語る（ストーリーテリング）だけでも大きな感動を呼び起こせます。それに、画像や映

像といったビジュアルの力を組み合わせれば、訴える力は飛躍的に増します。具体的には、新聞、TVニュース、プロモーションビデオ、コマーシャルなどを使って表現するのです。

あわせて、ぜひチャレンジして欲しいのが演劇（ドラマ、ロールプレイング）です。短い演劇をつくるのにも、物語、配役、台詞、舞台、衣装、音響などを決めなければならず、アイデアの細部を詰めていかなくてはいけません。しかも、いろんな表現方法を組み合わせることができ、プロトタイプにはうってつけです。意外な人の意外な才能が開花するのも演劇の面白いところです。

ただし、あまり気合いを入れて凝ったものをつくろうとすると大変です。即興的なものであっても、必ずそこに本質が現れています。それで筋の良し悪しが判断できるはずです。

図5-16 │ 仮想ストーリー

「1998年スープのある一日」

scene1

＜プロローグ＞
恵比寿の日本センタッキー・ブライト・キッチンの秘書室に勤める田中は、最近駒沢通りに出来た（仮称）Soup Stockの具沢山スープと焼きたてパンが大のお気に入りで、午前中はどのメニューにしようかと気もそぞろだ。
（→具沢山スープと焼きたてパン）
KFCポリシー担当のいつもの仲間と昼食に出るとき、女性だけで行ける店は限られていたが、Soup Stockが出来てからは頻繁に通っている。メニューに表記されているNonfatやLowfatの文字は、彼女達にとっては神のお告げに見えるようだ。
（→女性の行ける昼食の店の圧倒的不足。
ナチュラル、ダイエット需要）
大顔原社長とMr.UNOは、早食い大食いで有名。Soup Stockでも500ccのLサイズと焼きたて黒パンを平気で平らげるが、部屋に戻ってからはベルトを緩めているらしい。
（→男も、食べてみれば十分なボリューム）
古沢は、意外に気が多く、10種類以上のメニューを決め兼ねているうちに、並んでいた順番が自分に来ていつも慌てる。
（→魅力的で豊富なメニュー。とても早いスループット）

出所：遠山正道『スープで、いきます』新潮社

第5章 アイデアを表現する

図5-17 | 未来新聞

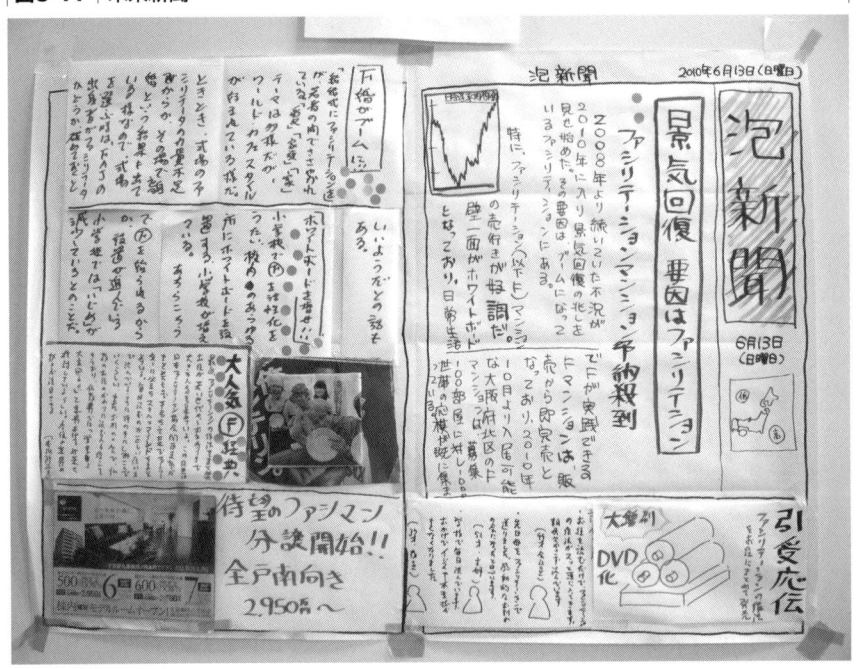

図5-18 | ストーリーテリング

図5-19 | 音楽

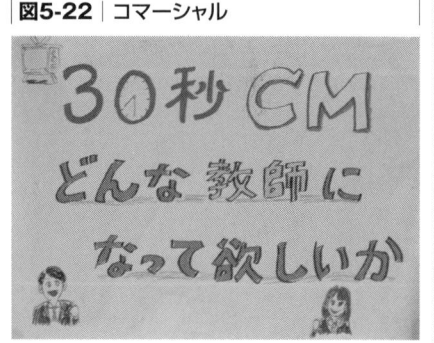

図5-20 ストーリーボード（絵コンテ）

図5-21 プロモーションビデオ

図5-22 コマーシャル

図5-23 | 演劇（ドラマ）

☞ストーリーづくりのポイント

　物語のシナリオにはセオリーがあります。それを知っていると、心に響く感動のストーリーをつくるのに役立ちます。これらを1日、1週間、1ヶ月、1年の中で回すようにするのです。

1）起承転結型の物語展開
　①冒頭（設定・発端）→②展開・発展→③山場（頂点・転換点）→④結末・その後

2）英雄伝説型の物語展開A
　①セパレーション（分離・旅立ち）→②イニシエーション（通過儀礼）→③リターン（帰還）

3）英雄伝説型の物語展開B
　①日常の世界→②冒険への誘い（いざな）→③冒険への拒絶→④賢者との出会い→⑤第一関門突破→⑥試練・仲間・敵対者→⑦もっとも危険な場所への接近→⑧最大の試練→⑨報酬→⑩帰路

（クリストファー・ボグラー『神話の法則』）

　また、図5-24のように、物語には典型的な登場人物がいます。これらのキャラクターを適度に配置すれば、物語に動きや厚みを加えることができます。

☛シナリオプランニング

　さらに本格的にストーリーづくりをやりたい人にお勧めなのが、シナリオプランニングです。

　将来どんなことが起きるのか、どんな仕組みで動いているのか、どんな困難が待ち受けているのか、誰がどのように振る舞うのか、その意図は何なのかなどを、環境分析に基づいていくつかの物語としてまとめていきます。

　その目的は、未来を正確に予測することではありません。シナリオをつくるプロセスを通じて、未来への想像力をふくらませて環境の構造変化について考え、共通の理解に基づき採るべき戦略を考え、不確実な時代に対処する能力を身につけていくところにあります。

　そのため、「何が起こるのか」だけを語り合うのでは不十分です。「なぜ起こるのか」「どんな構造がそれを引き起こすのか」についても対話することが重要となってきます。

図5-24 | 物語の典型的な登場人物

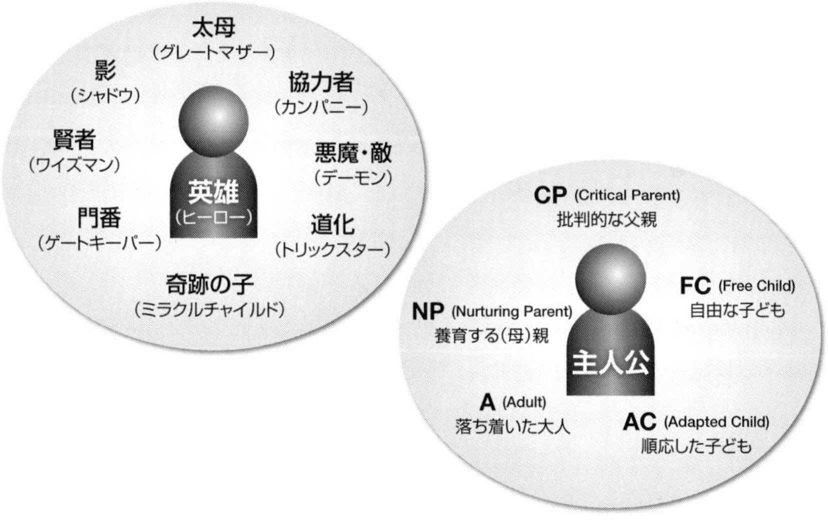

太母（グレートマザー）
影（シャドウ）
協力者（カンパニー）
賢者（ワイズマン）
悪魔・敵（デーモン）
英雄（ヒーロー）
門番（ゲートキーパー）
道化（トリックスター）
奇跡の子（ミラクルチャイルド）

CP (Critical Parent) 批判的な父親
NP (Nurturing Parent) 養育する(母)親
FC (Free Child) 自由な子ども
A (Adult) 落ち着いた大人
AC (Adapted Child) 順応した子ども
主人公

5 モノで表現する

☛モノづくりでチーム力を高めよう！

　私たちは三次元の世界で生活をしており、"モノ"でないと伝わりにくいことがあります。典型的なのが商品のデザインです。いくら精緻な設計図や美しいデザイン画を見ても今ひとつ実感が湧いてこない。そんな経験をしたことはないでしょうか。

　ところが、モックアップ（木型、模型）をつくり、手にとってみれば、誰もが直観的に良し悪しが判断できます。CG（コンピューター・グラフィックス）が手軽に利用できるようになったとはいえ、まだモノにすることでしか伝えられないものがあります。

　反面、モノづくりには時間とコストがかかるのが頭の痛いところです。そこで、画用紙、色紙、段ボール、紙粘土、木材、カラーペン、布、テープといった手近なものを使って、簡易的なモノづくりをやってみましょう。

　アイデアの効果性を検証するだけなら、それで十分のはず。市場性や事業性を検証するステップまでいったときに、本格的なモノづくりをやるのが効率的です。

　みんなで一緒にモノづくりをすることほど楽しい協働作業はありません。苦労してできあがったときの達成感は何物にも代えがたいものがあります。そうやって、プロトタイピングとチーム・ビルディングが同時にできるのが、モノづくりの大きな特徴となります。

図5-25 | モックアップ（クレイモデル）

図5-26 | ジオラマ

図5-27 | パッケージ（デザイン・ザ・ボックス）

図5-28 | 人形

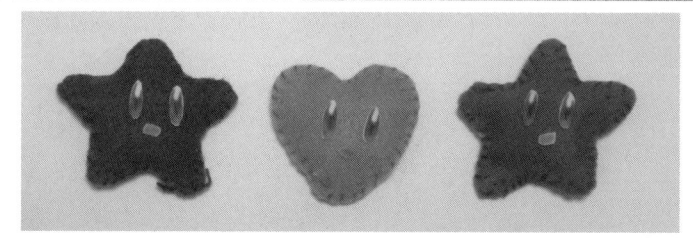

図5-29 工作

☛手軽にプロトタイピング!

　これらの写真を見て「つくるのが大変そうだなぁ…」と思われた方がいらっしゃるかもしれません。でも、そんなことはありません。これらは、100円ショップで購入できるものでできており、誰でも簡単につくることができます。他にも、文房具類はもちろん、台所用品やパーティグッズなど、格好の材料が100円ショップにたくさんあります。

　それに今は、パソコンという便利な道具があります。写真やグラフィックもインターネットで探せば何でも手に入り、合成や修整も自由自在。パソコン上でデザインして組み立てれば、何でもできてしまいます。

　加えて、手慣れた方なら、Javaでアプリをつくったり、CGを起こしたりして、バーチャルな世界でのプロトタイピングも手軽にできます。そんな便利な時代になったのですから、ためらっていないで、アイデアをどんどん形にしていきましょう！

図5-30 プロトタイプの材料

Column-18 ● 1枚のシートで発想が広がる

　"ひとりブレストシート"を使ってみんなでアイデアを出す方法を紹介しましょう（秋山具義『ファストアイデア25』二見書房）。

　テーマを決めたら、関連要素（例：形状、素材…）を8つ立てて、それぞれに対し10個ずつ連想語を枠の中に埋めていきます。「MECE（=モレなくダブリなく）」であることは考える必要はありません。

　そこでいったん休憩し、これまでに出した言葉を忘れてから、あらためてもう5個ずつひねり出し、赤字で書きます。次に、つながりがある言葉を赤枠・赤線でつなぎます。最後に、全体を眺めて、言葉の組み合わせからアイデアを生み出し、青字で周りに書いていきます。どんどんイラストを使って、プロトタイピングをしていきましょう。

　前半が第3章のブレストに当たり、最初に枠（目標）が描かれているので、「これだけ出さなきゃ」という気分になります。後半は、つながりや組み合わせを考える、第4章の編集です。シートのお陰で「アイデアを出して終わり」ではなく、「編集までしなければ」という気持ちにさせてくれます。

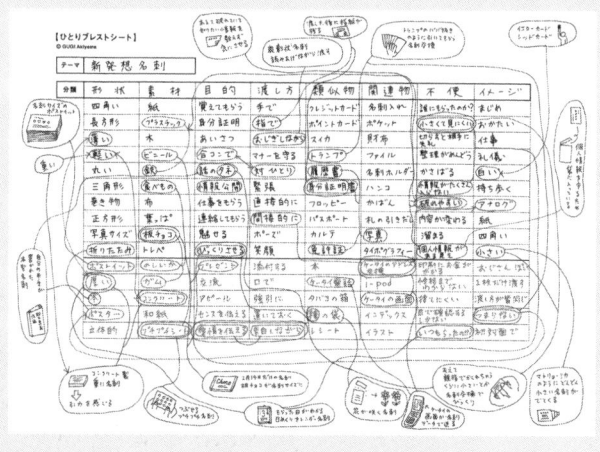

©GUGI Akiyama

第 6 章

アイデアを評価・選択する
Evaluation

1 せっかくのアイデアが台無しに…

☞評価・選択でアイデアの質が決まる

　第1章で説明したように、ブレーンストーミングにしろ、アイデア編集にしろ、プロトタイピングにしろ、発散と収束を繰り返すことでアイデアは磨かれていきます。アイデアを広げた後は、必ずなにがしかのアイデアを評価・選択する作業が待っています。

　誰もが目を奪われるような優れたアイデアがあるなら、議論の余地はありません。ところが多くの場合、甲乙つけ難かったり、逆にどれもイマイチだったりします。それでも残すアイデアと捨て去るアイデアに分けていかないと、いつまでもすべてのアイデアを検討するわけにはいきません。

　アイデアを絞り込むというのは、口でいうほど簡単ではありません。どうやってふるいにかけていくのか、みんなを納得させるにはどんな絞り込み方をすればよいのか、落としたアイデアはどうすればよいのか…。実際にアイデア発想のセミナーをやると「発散よりも収束のさせ方を教えてほしい」という声が多く聞かれます（実際には、発散が不十分なアイデアを収束させても仕方ないのですが…）。

　それに、ふるいのかけ方、つまり評価や選択の仕方によって残ったアイデアの質が決まります。正しいやり方をしないと、そこまでの努力がムダになってしまいかねません。

　残念ながら、適切でないやり方で評価や選択をしている人を多く見受けます。以下の3つが典型的な悪いパターンです。

(悪い方法①) **全部盛り込む**

　100個のアイデアを10個くらいまでに絞り込むのは比較的やさしいです。ただ、ここから1〜2個まで絞ろうとすると、途端に難しくなります。それほど大きな差がない上に、それぞれに発案者がおり、下手に落とすと「どうして私のがダメで、あいつのが残るの？」となりかねません。ファシリテーターとしては頭の痛いところです。

　そんなときによくやってしまうのが、「じゃあ、10個とも採用ということで、これを全部を包含したアイデアを考えましょう」というやり方です。あれもこれも全部盛り込んで1つにしようというのです。

　これは絶対にやってはいけないことの1つです。特にデザインやユーザビリティといった感性的なものが絡むアイデアでは致命傷となります。アイデアの角がとれてしまい、何をしたいのか分からない、中途半端なアイデアになるからです。人間関係は傷つかないかもしれませんが、アイデアはボロボロになってしまいます。

図6-1 ｜ 良い選び方と悪い選び方

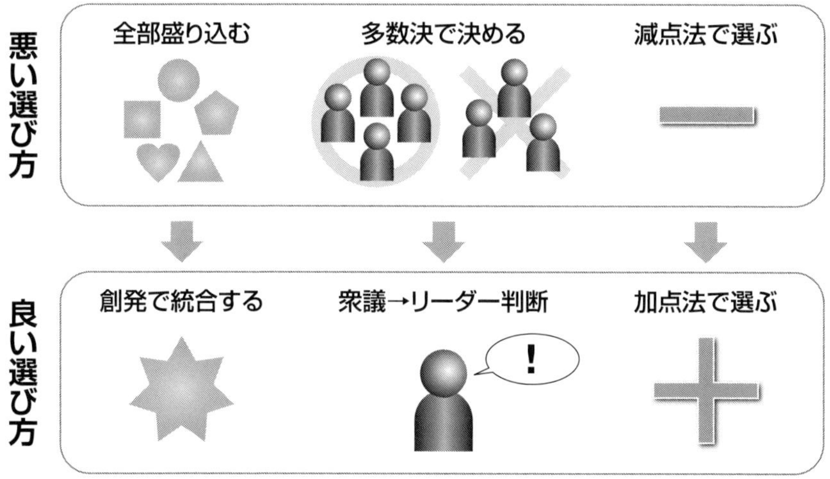

悪い選び方	全部盛り込む	多数決で決める	減点法で選ぶ
良い選び方	創発で統合する	衆議→リーダー判断	加点法で選ぶ

アイデアを絞り込むというのは、選択する、すなわち落とすアイデアを決めることです。下手に情けをかけて残そうとすると、良いアイデアまでダメにしてしまうのです。

悪い方法② 多数決で決める

　だったら、民主的に多数決で決める、という手があります。これなら、残すアイデアと落とすアイデアがハッキリして、アイデアのエッジがなまることはありません。みんなで決めたという納得感もあります。

　ただ、これにも問題があります。1人ひとりの選ぶ基準が一致しているとは限らず、バラバラの基準で選んでしまうからです。

　中には、先輩の顔色を見ながら態度を決める人がいないとも限りません。場の空気を読んで、勝ち馬に乗ろうという人も出てきます。結果的に、「多くの人が支持したから」というだけで、どうしてそれが選ばれたか説明がつきません。人に話しづらく、後で振り返ることも難しくなります。

　圧倒的多数が支持する案があるなら分からないこともないですが、微妙に票が割れたときに、その結果を採用するのはまさに自殺行為です。多数決は最終的な決定には使わないようにしたほうが無難です。

悪い方法③ 減点法で選ぶ

　皆さんの周りに、人のアイデアに「○○が足らない」「○○でなければダメだ」と難癖ばかりつける人はいませんか。物事をネガティブに捉え、減点法で見る考え方です。これで評価してしまうと、可もなく不可もない、無難なアイデアが残る可能性が大です。

　たとえば、図6-2を見てください。2つの尺度でアイデアを評価したところ、圧倒的に優れたアイデアがなく、このような結果になりました。皆さんなら、どのアイデアを採用しますか？

　減点法で考える人は、バランスの良いA案を選ぶと思います。B案やC案は、片方の軸に致命傷があり、最低基準を満たしていないかもしれないからです。

　しかしながら、見方を変えれば、A案は平凡で魅力に乏しいアイデアなのかもしれません。新規性でずば抜けて評価が高かったC案のほうに潜在力があ

り、磨き方によっては大化けするかもしれません。

　今の成熟した社会では、平均点では厳しい競争に勝ち残れず、どこかキラリと光るものがないと存在する意味がありません。可もなく不可もないようなアイデアでは、やる前から結果が見えています。

　基準を設定してアイデアを定量的に評価すること自体は間違いではありません。それを元にどう選び取るかをよくよく考える必要があります。評価結果の判定の仕方が問題となるのです。

　いかがでしょうか。アイデアを絞り込むというのが案外難しいことが分かっていただけたと思います。私たちは普段何気なく、「こいつでいこう！」「これはダメだな」と選んでいますが、きっちりやろうとすると結構骨の折れる作業となります。

　ファシリテーターとしては、チームの意思決定の原理・原則を踏まえた上で、その場その時に最適な方法を提案しなければなりません。次節で、使い勝手の良い方法を紹介しますので、テーマや状況に応じて使い分けてみてください。

図6-2 | 減点法で選ぶと…

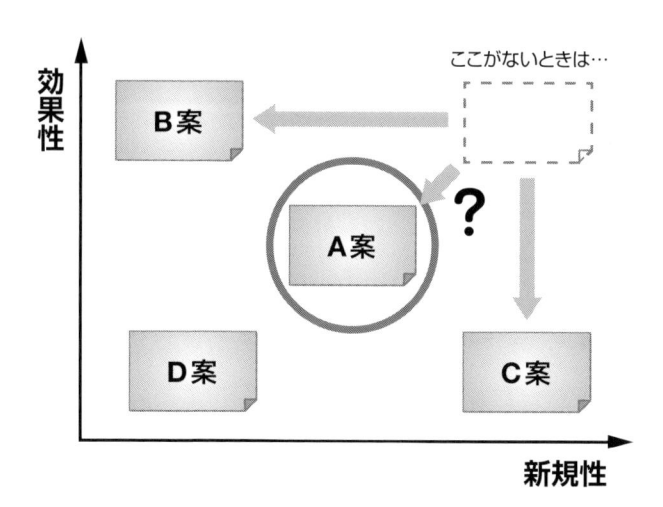

（縦軸：効果性、横軸：新規性。B案は左上、A案は中央（丸で囲まれ「？」）、C案は右下、D案は左下。右上に点線枠「ここがないときは…」から矢印がA案へ、またC案へ向かう）

第6章　アイデアを評価・選択する　197

2 アイデアの賢い選び方

☛アイデアを選ぶときの2つのポイント

　アイデアという、創造性が最重要視されるものをチームで選ぶときに、どんな意思決定方法をとればよいのか。大切なポイントが2つあります。

1）アイデアの切れ味が落ちないようにする

　ふるいにかけることで、元のアイデアが持っていた良さが損なわれてしまったのでは元も子もありません。繰り返しになりますが、エッジの効いたアイデアしか生き残れず、中途半端なアイデアでは勝負できない時代です。

2）メンバーの納得感を大切にする

　決定に納得感がないと、チームのモチベーションが下がり、アイデアを具現化する段階で足をひっぱることになりかねません。極端な場合、アイデアを落とされたことの逆恨みで、あからさまに非協力的な態度をとる人が出ないとも限りません。

　つまり、アイデアの優秀性と選択への納得感を両立させるのが大切だというわけです。しかも、評価や選択に多くの時間を費やさず、スピーディに決めていかなければなりません。まさにファシリテーターの腕の見せ所です。その拠り所として、望ましい決め方を3つ紹介しましょう。

良い方法① アイデアを創発的に統合する

　甲乙つけがたく、どちらのアイデアも落としたくない…。そんなときは妥協案をつくるのではなく、両案を足がかりにして、それを超える統合した新しい

アイデアを考えるようにします。A+Bを（A+B）/2ではなく、Cにしてしまおうという作戦です。

そうやって生まれたCが、元のAやBより圧倒的に素晴らしければ、結果的にアイデアは絞り込まれたことになります。やり方次第では、切れ味をさらにアップさせることも期待できます。これを**創発的な統合**と呼びます。

たとえば、夏休みの家族旅行の行き先を議論していて、母親はユニバーサル・スタジオ・ジャパンがよいと言い、父親は伊豆で海水浴を主張する。であれば、いっそのこと、フロリダに行ってしまえば、どちらの良さもカバーしつつ、さらに魅力的なアイデアになっています。これが創発的な統合です。

やり方は第4章の5節「アイデアをひらめく～創発」で述べた通りです。ファシリテーターとしてはそれぞれのアイデアの本質を探り、それを高次で統合する案がないか、粘り強くメンバーに促していきます。類推力がカギになることは既に述べた通りです。

ポイントは、"圧倒的"に魅力のあるC案を考え出すことです。そうしないと、AかBか、はたまたCかで議論が巻き起こってしまいます。

図6-3 │ 統合のやり方

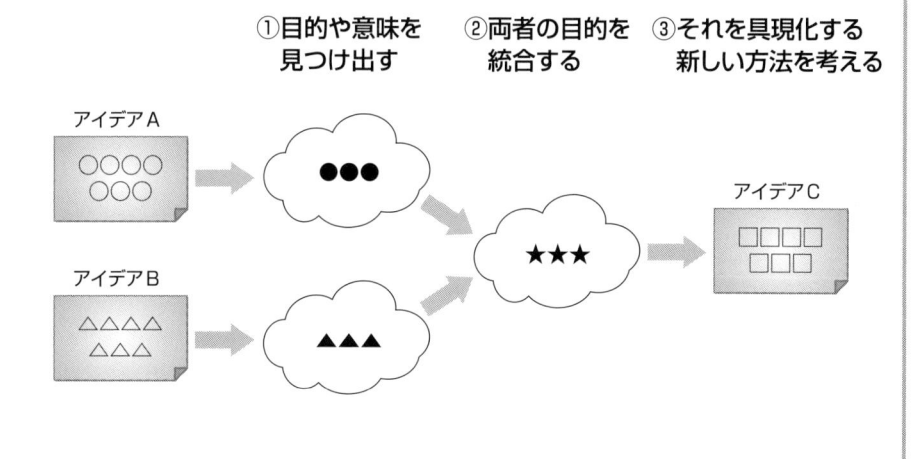

①目的や意味を見つけ出す　②両者の目的を統合する　③それを具現化する新しい方法を考える

アイデアA → ●●●
アイデアB → ▲▲▲
→ ★★★ → アイデアC

F 　○○を△△にする目的は何ですか？　そのことを通じて、いったい何を実現しようとしているのでしょうか？
F 　だったら、□□かつ◇◇ができればいいのですね。それはどうすれば可能になりますか？　他にどんな方法が考えられるでしょうか？

良い方法② 衆議を尽くしてリーダーが選ぶ

　多数決は最終的な意思決定には向かないという話をしました。逆にいえば、そうでない場面では効果的な方法となります。

　たとえば、あまりにたくさんのアイデアがあるときに、明らかに劣るものを落とすのに使う。あるいは、決定ではなくどのアイデアを好ましいと思っているか、世論調査に使う。こういった使い方なら問題はありません。

　では、最終的にはどう決めればよいのか。多数決するくらいなら、決定に責任を持つリーダーが決断するほうがはるかにマシです。実際に多くの企業ではこの形がとられています。

　特に、コマーシャルや商品の外観デザインといった感性が絡むテーマでは、選択結果の影響が大きいにもかかわらず、最後は個人の知覚や直観に依存せざるをえません。そうなってくると、その人の感性がどうであろうが、結果に責任を持つ人が判断するしか方法がありません。

　だからといって、まったくの独断では納得感がありません。決断する前に十分に衆議を尽くし、いろんな角度から検討することが肝要です。いわゆる御前会議のイメージです。

　その間は、リーダーはあまり自分の意見を表に出さず、みんなの意見をしっかりと聴きます。意見が出尽くしたところで、最終決定を伝える（あるいはいつ決断するかを伝える）ようにします。その上で、なぜその決定になったのか、努めて丁寧に理由を説明して、できる限りメンバーの同意を得るようにしましょう。

F 　部長、今、みんなで議論しているところですので、ご自身の考えは後でまとめて伺ってもよろしいですか？

F　そろそろ議論が出尽くしてきたようなので、部長、決定をお願いします。どの案を採用するのか、それはなぜなのか、この2点を。

良い方法③　加点法でアイデアを選ぶ

　アイデアがあまりに多いときにふるいにかける方法としてよくとられるのが**多重投票**です。自分が気に入った、複数のアイデアに投票するのです。

　そのときに、①効果性（顧客満足）、②実現性（フィジビリティ）、③新規性（ユニークさ）といった評価尺度（視点）を決めて投票するようにすると、後で評価しやすいです。アイデアをホワイトボード等に書き出し、付箋やマーキングシールを使うとやりやすくなります（図6-4）。

　ポイントは投票の後の選び方です。筆者は、①②③の3つがそろったアイデアを残すのではなく、どれか1票でも入ったものをすべて残すようにしています。

　それで多すぎる場合は、どの尺度かに関係なく、たくさん票が入ったものから残すようにしています。理由は既に述べた通り。減点法では平凡なアイデアが選ばれる恐れがあるからです。

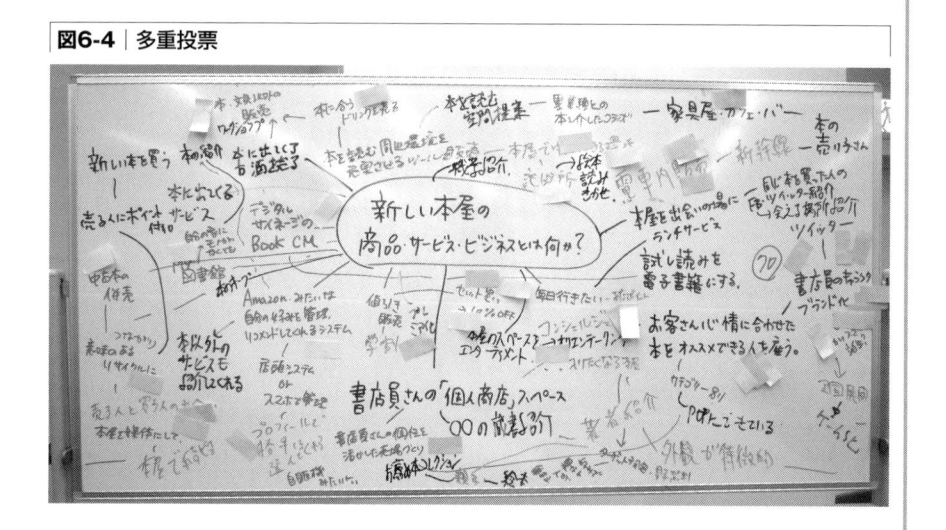

図6-4｜多重投票

これは、評価基準を設定してアイデアを選ぶときも同じです。

アイデアの取捨選択によく使われるのが**ペイオフマトリクス**と**意思決定マトリクス**です。前者は、効果と費用といった、相反する２つの軸をとるやり方です（図6-2参照）。後者は基準ごとに点数をつけて足し合わせるやり方で、基準としては、先に挙げた３つに加え、事業性、相乗効果、親和性、リスク、頑強さなどがあります。

たとえば、後者の場合、単純に総合点で評価したのでは、平凡なアイデアが勝ち残る恐れがあります。図6-5でいえばＡ案です。

それよりも、Ｂ案やＣ案のように、特定の基準において他よりもずば抜けて秀でているものを選ぶほうが、魅力的なアイデアに化ける可能性があります。場合によっては、Ａ案のほうを落として、Ｂ案やＣ案をもう一度ブラッシュアップし直すということもありえます。

F　確かに総合点ではＡ案となりますが、これに決めて本当によいのでしょうか？

図6-5 | 磨きがいのあるアイデアを選ぼう！

ウエイト（重み）	効果性 ×3	実現性 ×2	新規性 ×2	親和性	リスク	合計
Ａ案	6			6	6	54
Ｂ案	10	5			5	48
Ｃ案	1	10	1	8	10	43
Ｄ案	3	1	10	8	6	45
Ｅ案	3	3	5			38

（吹き出し：優等生のアイデア／美味しいアイデア／着実なアイデア／先駆的なアイデア）

F　今、アイデアを選ぶにあたってもっとも大切なことは何でしょうか。まずは、そこを最優先して選ぶのはどうでしょうか？

　アイデアをめぐる昨今の状況を考えれば、あらゆる評価基準をそれなりに満たしたアイデアを求めるのは、現実的でないかもしれません。それよりも、どのアイデアも不完全であることを認めた上で、「磨きがいのある」アイデアを選ぶほうが理にかなっています。これがアイデアを選択する望ましい方法の3つ目となります。

Column-19 ●15人のうち14人が反対

　キングジムのヒット商品、デジタルメモ「ポメラ」をご存じですか。メールもインターネットもゲームも音楽もできず、できることはただ1つ、文字を打って入力することだけ。

　この商品が経営陣に提案されたとき、「携帯電話以下だ」と役員15人のうち14人が反対。ところが、社長はそんな光景を見て、「思わぬヒット商品になるかもしれない」と手応えを感じ、ゴーサインを出したそうです。

　皆の納得感を優先したら、とてもOKなど出せない状況です。まさに「衆議を尽くしてリーダーが選ぶ」です。尖ったアイデアを世に出すには、誰かの信念・主観に基づいた意思決定が必要なケースも少なくないということです。意思決定の難しさを実感させられるエピソードですね。

（出所：日経ビジネスオンライン
http://business.nikkeibp.co.jp/article/skillup/20090624/198424/）

☛最後は資源と意思で決まる

　このようにいろんな決め方や選び方を見てきましたが、それによって残るアイデアが違ってくることが分かっていただけたと思います。言い方を換えれば、アイデアを育てるのも殺すのも評価のやり方次第、ということです。

　先に述べたように、アイデアとは本来ワイルドで不完全なものです。それがコンセプト、企画、計画と段階を経るにしたがって、少しずつ完全なものになっていきます。

　まだ十分に煮詰まっていない段階から、完璧なアイデアを期待して厳しい評価をしたのでは、アイデアを発展させる機会を逸してしまいます。

　よくあるのが、「アイデアは斬新だが、実現性に乏しい」といって落とすケースです。新規性と実現性は両立し難く、こういわれてユニークなアイデアがどんどんふるい落とされてしまいます。

　しかしながら、できるかどうかはやってみないと分かりません。評価すべきは「できると"思える"かどうか」です。

　そのためには、1つは、実現に向けてどれくらい**資源**（リソース）が集められるかが重要となってきます。人、モノ、カネ、知識、技術、ノウハウといった資源を調達するメドやアイデアがあれば実現への道が開きます。

　第1章で述べたように、現代は、時間と空間を超えて人と人がコラボレーションできる時代です。実現性が乏しいと安易に諦めるのではなく、資源を集めるためのアイデアにこそ知恵を絞るべきではないでしょうか。

　そして、もう1つ大切なのは、メンバーの**意思**です。必要な資源さえ集められれば、あとは実行するメンバーのやる気にかかっています。どのアイデアが望ましいかを議論するのも必要ですが、どれをやってみたいかも、採用するアイデアを見極めるときの重要な要素です。

　意思決定とは、チームが実行する意思を決定するものでなければなりません。ファシリテーターは、そのことを忘れないようにしましょう。

　　F　皆さん、本当にA案をやるのですね。多少評価が低くても、皆さんが本当にやりたい案を選ぶとしたらどれでしょうか？

☞3つの前提を覚えておこう

革新的なアイデアを選ぶ「創造的な意思決定」(クリエイティブ思考)と普段ビジネスで使う「合理的な意思決定」(ロジカル思考)とでは前提が大きく異なってきます。創造的な意思決定では、次の3つを前提にして議論を進めていかざるをえません。

1)万人が認めるアイデアはない

どんなアイデアでも欠点があり、必ず反対する人がいます。誰もが認めるアイデアがあったとしたら、それは平凡なものかもしれません。それよりも、10人中9人が反対する、尖ったアイデアを選ぶほうが、今の時代、賢明かもしれません。侃々諤々の議論が巻き起こるアイデアにこそ、イノベーションの芽があるといっても過言ではありません。

2)アイデアは主観でしか選べない

創造的な意思決定では、未来を洞察する力が求められます。それはきわめて個人的で直観的な判断となり、誰もが認める客観的かつ合理的な指標があるわけではありません。アイデアは主観的にしか選べないといっても過言ではないのです。

3)公平なアイデアの評価方法はない

そうなると、アイデアの評価選択は、発案者にとっては少なからず不公平な結果を生みます。いくら合理的な尺度を置いて大勢で評価しても、得をする案と損をする案が出てしまいます。それを嘆いても仕方なく、公平な評価方法は残念ながらありません。

ただ、勘違いしてほしくないのは、だからといって納得感のある客観的な評価を諦めるしかないといっているのではありません。なぜ、このアイデアが選ばれたかの説明を放棄するのでもありません。

このことを踏まえた上で、最大限の努力をするのがファシリテーターの役割である、ということです。この前提が理不尽な決定の後押しにならないように切に願っています。

3 納得感のある合意形成に向けて

☛対立が創造を生み出す

　アイデアを評価・選択するステージになると、互いの意見の違いが鮮明になることがあります。それぞれに自分のこだわりがあり、なかなか譲ろうとしません。チームの中に対立・葛藤（コンフリクト）が生まれやすくなるのです。
　ここで注意してほしいのですが、対立は決して悪いものではない、ということです。それどころか、クリエイティブなアイデアを創り出すには、ある程度の対立がなければなりません。違う考えがぶつかり合うところにこそ、新しいものが生まれるからです。
　とはいえ、互いの意見を尊重し合う中での対立でないと、チームが空中分解してしまいます。そうならないよう、ファシリテーターができることを述べておきたいと思います。大切なポイントだけ紹介しますので、さらに詳しく知りたい方は姉妹書『ディシジョン・メイキング』をご覧ください。
　1つ目のポイントは、評価や選択の仕方をあらかじめ決めておいて、チームで共有しておくことです。
　互いの価値観が違うのは大いに結構なのですが、アイデアを選択する段になって、「実は、こういう決め方をすることになっていたんだ」と言われれば、「だったら、初めから言えよ！」と誰もが反発します。活動が始まるときに、「最終的にはこういう決め方をする」「評価基準は○○である」と言っておけば、こんな無用な軋轢は少なくて済みます。
　もっとよいのは、最初の段階で、みんなで選び方を決めておくことです。納得感は参加から生まれ、みんなが参加して決めた方法に文句をつける人はいま

せん。プロセスの納得が結論の納得を生み、選択結果に納得させるには、納得感のあるプロセスが大切です。決め方を決めるのにうまくメンバーを巻き込んでおくことが、あとで大きな効果を生みます。

☛価値観をしっかりとすり合わせる

それと同時に、早い段階から価値観をすり合わせておくことも重要となります。なぜ評価や選択で軋轢を生むかといえば、メンバーの評価基準がすり合っていないからです。何を目指すのか、何を大切にするのか、価値観が合っていれば、それほど問題にはならないはずです。

第2章で、活動のスタート時に、ビジョンや価値観をすり合わせる方法について紹介しました。たとえば、社内で部門横断的なプロジェクトチームをつく

図6-6 | 合意形成の4つのアプローチ

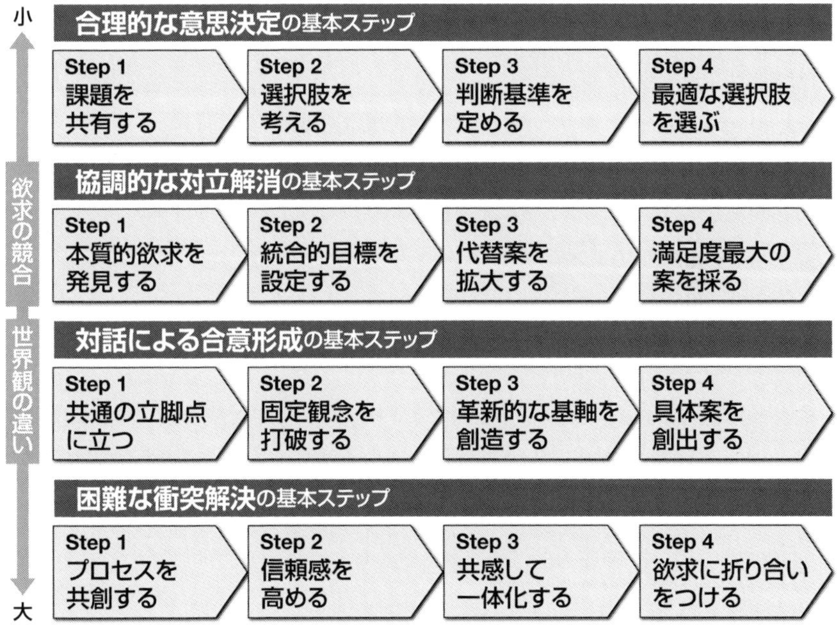

小
大
欲求の競合
世界観の違い
合理的な意思決定の基本ステップ
Step 1 課題を共有する
Step 2 選択肢を考える
Step 3 判断基準を定める
Step 4 最適な選択肢を選ぶ
協調的な対立解消の基本ステップ
Step 1 本質的欲求を発見する
Step 2 統合的目標を設定する
Step 3 代替案を拡大する
Step 4 満足度最大の案を採る
対話による合意形成の基本ステップ
Step 1 共通の立脚点に立つ
Step 2 固定観念を打破する
Step 3 革新的な基軸を創造する
Step 4 具体案を創出する
困難な衝突解決の基本ステップ
Step 1 プロセスを共創する
Step 2 信頼感を高める
Step 3 共感して一体化する
Step 4 欲求に折り合いをつける

堀 公俊・加藤 彰『ディシジョン・メイキング』(日本経済新聞出版社)より

ったり、専門家や一風変わった人を他の部門から連れてきたりしたときは、自己紹介を代表とするアイスブレイクは案外重要です。互いの考え方のもとになるものを知り合い、このメンバーで一緒にがんばろうという気持ちになってもらうのに効果が大きいからです。

　しかもそれはスタート時だけではありません。一緒に活動する中で常に対話を繰り返し、しっかりと考え方をすり合わせておくことがチーム運営を大きく左右します。

　特に、最終的にリーダーが決定を下す場合は、リーダーとメンバーとの間で考え方のギャップがあると、大きな反発を招いてしまいます。下手をすると、面従腹背になったり、クーデターを起こされかねません。

　普段からメンバーとコミュニケーションを密にして、自分の考え方や大切にしているものをしっかりとメンバーに伝える努力を怠らないようにしましょう。

☛ 人と人の対立にさせない

　そこまでやっても、やはりメンバー同士がぶつかり合うこともあります。互いに真剣であればあるほどそうなりやすく、そもそも世界観が違うメンバーが一緒に仕事をすることもあります。ある程度は避けられません。

　ファシリテーターができる大切なことは、意見と意見の対立を、人と人の対立にさせないことです。「もう顔も見たくない」「あんなヤツとは一緒にやれない」となってしまうと、収拾がつかなくなってしまいます。

　ＡさんとＢさんの主張が食い違っていても、どのアイデアが優れているかという点において対立しているのであって、どちらが優れた人間かを争っているのではありません。

　ＡさんにはＡさんなりの考え方があり、ＢさんにはＢさんなりの事情があるはず。相手の背景や立場に立って考えれば、同意できなくても理解や共感はできるはずです。

☛ 創造力がピンチをチャンスに変える

　その上で、同じチームの仲間として、何を目指すべきなのか、何を大切にすべきなのかを話し合えば、どこかで必ず共通の考え方の土台（**コモングラウン**

ド）が見つかるはず。

　それさえ見つかれば、その具現化に向けて、歩み寄ったり、新たな考えを生み出すことができます。AかBかではなく、どちらも納得するもっと良いアイデアが出せるはずです。ブレストはまさにそのためにあり、ファシリテーターとして、今までに述べたテクニックを総動員しましょう。

　さらにそのときは、互いの相手に対する誤解を解き、「～に違いない」「～に決まっている」「～であるべきだ」といった思い込みから解放するようにすることが重要です。リフレーミングがうまくできれば、どこかで折り合う点が見つかるでしょう。

　対立はアイデアの質を高めてくれるばかりではありません。対立をうまく処理すれば、かえってチームを強くしてくれるという側面もあります。対立というピンチをチャンスに変えていく。これがファシリテーターの真価であり、まさに創造力を引き出す力と協働を促す力が求められるのです。

Column-20 ● ハードルを軽く引っかけて走る

　デザイン思考で有名なIDEO社では、「絶対にうまくいかない」とイノベーションに抵抗する人がいると、その人を「いかにしてうまくプロジェクトを進めるか」というテーマのブレスト会議に招待するそうです。その上で「まずは小さな実験をしてみて、何が良くて何がダメなのかを明らかにしよう」と誘うのです。

　それは抵抗勢力のせいで、プロジェクトが引き延ばされると、ゆっくりと骨抜きにされる危険性があるからです。ハードル走にたとえると、ハードルを飛ぶためにスピードを落としたり、フォームを変えたりするのではなく、ハードルを倒さずに軽く引っかけながら走るテクニックと同じです。これこそ、厳しい局面でファシリテーターが持つべき技ではないでしょうか。

（出所：『日経ビジネス』2004年12月10・27日号）

第6章　アイデアを評価・選択する

4 アイデア・ワークショップをやってみよう!

　ここまでで、アイデアを生み出していくのに必要なおおよそのスキルやテクニックについて個別にお話をしました。最後に、実践に向けてのイメージをつかんでいただきましょう。

☛こんなときに使ってみよう!

　第1章で述べたように、①情報をインプットする、②アイデアを発想する、③アイデアを編集する、④アイデアを表現する、⑤アイデアを評価・選択する、の5つのステージは、必ずしもこの順番で全部実施する必要はありません。次のような場面で、必要なところだけつまみ食いしたり、適宜組み合わせたりするのが手軽なやり方です。

- 最新の顧客動向をつかむための市場調査をする（①）
- 新しい商品に盛り込む機能を検討する（②⑤）
- 新サービスのネーミングやブランドを考える（②③）
- 経費節減に向けて業務を効率化する施策を検討する（③⑤）
- プロジェクト立ち上げにあたりチームの結束を高める（②④）
- 組織の強み（魅力）と弱み（課題）を棚卸しする（①②③）
- 職場が抱えている問題をみんなで解決する（①②⑤）
- クリエイティブ思考力を高める研修をする（②③④）

☛アイデア・ワークショップの実践に向けて

　さらに本格的にやりたい方は、本書の流れに沿ってクリエイティブ・ファシリテーション・サイクルを回す**アイデア・ワークショップ**に挑戦されることをお勧めします。

　ワークショップとは「工房」が原意で、少人数が手づくりで何かをつくり上げる場を意味します。主体的に参加したメンバーが協働体験を通じて創造と学習を生み出すのがワークショップです。

　具体的には、次の２つのワークショップのプログラムと運営のポイントを紹介します。いずれも、これからの時代に欠かせない活動であり、ぜひ一度体験されることをお勧めします。そうすることで、アイデアを生み出すための一連のプロセスが理解できます。

　さらに、フューチャーセンター（未来の利害関係者が集まり、対話を通じてイノベーションを生み出す場）を立ち上げ、ワークショップを継続していけば、ファシリテーターのスキルが飛躍的に高まるでしょう。

- 新しい商品を開発するためのアイデア・ワークショップ（①〜⑤）
- 事業の未来の姿を描くビジョン・ワークショップ（①〜⑤）

図6-7 | アイデア・ワークショップの模様

1 ── 新しい商品を開発する　　　　　　　　（10名程度、1日）

〈タイトル〉「次世代を担う新製品（New X）を考えるワークショップ」

〈狙い／成果〉
次世代の若者向け携帯型商品の企画を立案するにあたり、従来にないコンセプトを生み出したい。商品化候補として今後プロジェクトで検討するコンセプト案が数点集まればよし。それができなくてもアイデアをカタチにする一連のプロセスが身につけばよい。

〈対象者／人数〉
New Xプロジェクト　12名

〈時間／場所〉
5月15日（金）10:00〜18:00　渋谷ショールーム

	時間	狙い／目標	活動内容／問い	場の設定
1	10:00 (15分)	オープニング	・チェックイン（今の心境は？） ・ショー＆テル（私のお気に入り紹介）	サークル型
2	10:15 (60分)	顧客を観察する	・フィールドワーク 「いま若者は街で何をしているか？」 →4種のワークシートを持って街に	渋谷界隈を自由に歩き回る
3	11:15 (45分)	発見を分かち合う	・全体でシェアリング 「感じたこと、気づいたこと…」 ・ダイアログ（対話）	模造紙を3枚つなげてマップに記録する
			（昼食休憩　60分）	
4	13:00 (90分)	アイデアを発想する	・アイスブレイク（Yes, and） ・ブレーンストーミング 「10年後にみんなが携帯している商品」 ・多重投票（1人5票）で絞り込み →効果性、実現性、新規性で評価	アイランド型。 4人×3チームに分けて対抗戦で
5	14:30 (60分)	コンセプトをつくる	・親和図法 →5票以上集めたアイデアを、結合と応用を使って発展・統合させていく ・対話を使って1グループ1案に絞り込む	グループごとに、付箋をホワイトボードに貼り出す
6	15:30 (135分)	コンセプトを表現する	・プロトタイピング →表現方法はグループに委ねる ・プレゼンテーション＆質疑応答 ・3つの作品について自由討議	3つの部屋に分かれて作業
7	17:45 (15分)	クロージング	・チェックアウト 「今日のワークで感じたことは？」	サークル型

〈準備物〉
ホワイトボード（3台）、模造紙（20枚）、付箋（10パック）、紙（多数）、デジカメ（5台）、パソコン（1台）、カラープリンタ（1台）、試作の材料（多数）、ワークシート（5種）

1日でフィールドワークからプロトタイピングまでやってしまうプログラムです。テンポよく進めることが大切になり、ファシリテーターの舵取りが重要です。

「次世代を担う新製品」ということでNew Xという愛称をつけています。

期待するレベルのアイデアが出るか未知数のため、ゴールを2段階で設定しています。新しいコンセプトが生み出せなくても、アイデアを生み出すプロセスが身につけば、再度違うテーマで挑戦したり、時間をかけてじっくりやることもできます。

顧客に近いところに場を設定しておけば、いつでも現場にアクセスできます。

自分のお気に入りの携帯型商品を持ってきてもらい、その理由を紹介してもらいます。話し合いのきっかけにするとともに、テーマへの興味をかきたてるのが狙いです。

第2章で紹介したワークシートに加えて、フィールドワークに慣れない人が多い場合は、カラーバスをやってから現場に行くとよいでしょう。

あまり仕切らずに自由に話し合いが進むようにするのがポイント。ただし、そこで出てきた内容はすべて模造紙に書き出し、午後のアイデア出しに活用します。

お弁当を用意して一緒に食事をとり、対話が継続するようにしておきます。

午後一番でエンジンがかかりにくいのでアイスブレイクを入れています。時間があるときは「最悪のアイデア」がお勧めです。アイデアの目標は30分で100個を目指します。

図6-8 アイデア出し

統合の作業の中でアイデアのエッジがなまってしまわないようにすること。この段階でコンセプトのタイトルをつけておくと、あとのプロトタイピングのイメージ合わせにもなります。

互いの手の内が分からないよう、部屋を別にするとプレゼンのインパクトが高まります。プロトタイプの評価は主観的・直観的になるため、対話の中でアイデアを洗練させていきます。必ずしもこの段階でコンセプトを1つに絞る必要はありません。

振り返りを兼ねた飲み会を設定しておくと、さらに対話が深まります。

プロトタイプの材料は図5-30参照。足らないものはその場で調達します。

2 ── 事業の未来の姿を描く　　　（20名程度まで、1日半）

タイトル 「未来を創造するビジョン・ワークショップ〜 Future 2025」

〈狙い／成果〉
　技術開発センターの中期計画を策定するに際して、2025年の社会やビジネスの未来の姿を明らかにする必要がある。センターのビジョンステートメントをつくると同時に、対話の中で生まれたコモングラウンドを誰もが分かる未来シナリオとしてまとめる。

〈対象者／人数〉
各部門ビジョン委員　20名

〈時間／場所〉
9月21日（金）13：00 〜 9月22日（土）16：00　湯河原保養所

● 1日目

	時間	狙い／目標	活動内容／問い	場の設定
1	13：00 (30分)	オープニング	・リーダー挨拶 ・チェックイン（今日の期待）	サークル型
2	13：30 (120分)	情報を共有する	・ペアインタビュー 「仕事の中の最高と最悪の体験は？」 ・タイムライン（世界、日本、自社）	3つのグループに分かれてシアター型で
3	15：30 (120分)	トレンドを把握する	・トレンドマップ 「私たちを取り巻く重要なトレンドは」 ・全体討議で優先順位をつける	全体でシアター型。壁に模造紙を貼る

● 2日目

	時間	狙い／目標	活動内容／問い	場の設定
4	9：00 (75分)	アイデアを発想する	・ブレーンストーミング 「2025年に実現したい商品・技術は？」 ・多重投票（1人3票）で絞り込み ・優秀作品のタイトルを紙に書いて貼る	4人×5チームでアイランド型
5	10：15 (105分)	コモングラウンドをつくる	・ワールドカフェ 「アイデアは何を物語っているのか」 ・個人でA4紙に答えを書き出し、親和図法を使ってステートメント化する	4人1組のカフェスタイルに模様替えする
		（昼食）		
6	13：00 (150分)	ビジョンを表現する	・プロトタイピング 「ビジョンが実現した世界とは？」 　→シナリオを演劇で表現する ・プレゼンテーション＆質疑応答	6〜7人×3チームに分かれて
7	15：30 (30分)	クロージング	・チェックアウト 「あなたは何を変えていきますか？」	サークル型

〈準備物〉
ホワイトボード（5台）、模造紙（30枚）、付箋（10パック）、紙（多数）、パソコン（1台）、カラープリンタ（1台）、試作の材料（多数）、BGM、飲み物・お菓子、イメージビデオ

クリエイティブ・ファシリテーション・サイクルの中にホール・システム・アプローチ（集合的対話）の手法を組み込んだ事業のビジョンづくりの事例です。

2025年をビジョンの到達年次に設定してFuture 2025と名づけました。

ビジョンステートメントだけでは抽象的すぎてイメージが湧かないので、シナリオの形にまとめることを目指します。ワークショップの中で新しい技術開発テーマの候補が出てくると同時に、協調的なアクションが生まれればさらによしです。

オフィスから離れて非日常の空間をつくります。ただし、やり過ぎは禁物です。

チェックインの後で、マシュマロ・チャレンジのようなチームの結束を高めるためのアクティビティをやると、あとの活動に活きてきます。

ペアインタビューとは2人で交互にインタビューし合うアクティビティで、互いの人柄や大切にしているものがよく理解できます。たっぷり時間をかけてやりたいところです。

マインドマップを使ってタイムラインから読み取れる社会、商品、技術などのトレンドを抽出します。さらに、それらが自分たちにどんな影響を与えているかを討議します。

もちろん、夜はパーティです。単なる飲み会にせずに趣向を凝らすようにします。

ビジョンづくりのためのアイデア出しなので、既存の枠組みを壊すことが大切です。SCAMPERをはじめとする発想の切り口やヒントカードもうまく活用するとよいでしょう。

図6-9｜ワールドカフェ

4人1組になりメンバーを入れ替えながらダイアログを繰り返す手法です。心に残ったキーワードを、各自がテーブルクロス代わりに敷いた紙にどんどん書き出して紡いでいきます。

仮想ストーリーをつくり、それを3分程度の演劇で表現します。台本までつくる必要はなく、場面設定、配役、物語の流れだけ決めておいて即興（アドリブ）で演じていきます。リアルな経験が表現できるよう、時間が許す限り工夫を凝らすようにします。

ビジョンの実現に向けて個人のコミットメントを明らかにしていきます。

おもてなしの空間をつくり、リラックスしたムードを演出します。

ブックガイド

〈第1章〉

- ●ジェームス・W・ヤング『アイデアのつくり方』阪急コミュニケーションズ
  とてもコンパクトながらアイデアづくりに関するエッセンスが凝縮されている古典的な名著です。アイデア出しに悩んでいる方は、まずはこの本から始めることをお勧めします。

- ●トム・ケリー、ジョナサン・リットマン『発想する会社!』早川書房
  世界最高のデザイン会社IDEO社のイノベーションの秘密を解き明かし、デザイン思考の先駆けとなった本。洗練されたデザインや遊び心いっぱいのオフィスに驚かされます。

- ●ウィリアム・ダガン『戦略は直観に従う』東洋経済新報社
  "ひらめき"に基づく世界観を一新するような実践的なアイデア。「戦略的直観」の重要性を豊富な事例を挙げて説き、それを生み出すメカニズムを明らかにしていきます。

〈第2章〉

- ●松波晴人『ビジネスマンのための「行動観察」入門』(講談社現代新書)講談社
  ビジネス界で注目を集めている「行動観察」の有用性と進め方を9つの実践事例に基づいて解説しています。エスノグラフィーに興味のある方の入門書として最適。

- ●上野啓子『マーケティング・インタビュー』東洋経済新報社
  インタビュー調査のプロが、何気ない言葉からアイデアのヒントを発見するための技術を伝授します。インタビューという行為がシンプルな原理に基づいていることが分かります。

〈第3章〉

- ●アレックス・F・オズボーン『創造力を生かす』創元社
  ブレストの考案者オズボーン氏の現在唯一入手できる和書です。分厚くて読むのがちょっと大変ですが、アイデアを得るための38の方法が紹介されています。

- ●キース・ソーヤー『凡才の集団は孤高の天才に勝る』ダイヤモンド社
  タイトルの通り、"グループジーニアス"と呼ばれるグループでひらめきを生み出す方法を幅広く解説しています。コラボレーションこそが世界を変えることが理解できます。

- ●高橋 誠『問題解決手法の知識』(日経文庫)日本経済新聞出版社
  世の中に数多くある創造性開発技法(発想法)を体系的に分かりやすく紹介しています。新書で読みやすく、手元に置いておくと重宝する1冊です。

〈第4章〉

- ●マイケル・マハルコ『アイデア・バイブル』ダイヤモンド社
  創造性を解き放つ38の発想法を解説した分厚い本で、まさにバイブルとして使いたいところ。手軽に内容を知りたい方は、同著者の『すばらしい思考法』をお勧めします。

- ●加藤昌治『考具』阪急コミュニケーションズ
  アイデアを生み出すさまざまなツールを網羅的かつオシャレに紹介しています。同著者の『アイデアパーソン入門』『アイデア会議』とあわせて読むとさらによし。

- ●リュック・ド・ブラバンデール『BCG流非連続思考法』ダイヤモンド社
  著名な経営コンサルタントの著者が、新しいひらめきを生み出す原理を詳細に解説しています。自分やチームの発想に限界を感じている人に多くの示唆を与えてくれるでしょう。

- ●川喜田二郎『発想法』(中公新書) 中央公論新社
  誰もが一度は手にとる、KJ法の生みの親による古典的な名著です。創造性に関する含蓄のある言葉が盛りだくさんで、何度読み返しても新しい気づきがあります。

〈第5章〉

- ●奥出直人『デザイン思考と経営戦略』NTT出版
  デザイン思考を使ったワークショップを詳細に紹介しています。エスノグラフィー、ブレスト、プロトタイピングといった一連の工程をどう進めるかがよく分かります。

- ●ダン・ローム『描いて売り込め!超ビジュアルシンキング』講談社
  ビジュアル・シンキングの効用と活用を説く定番の書で、実践編もあります。ふんだんにイラストが載っており、アイデアをビジュアル化するときの助けになります。

〈第6章〉

- ●堀 公俊、加藤 彰『ディシジョン・メイキング』日本経済新聞出版社
  チームで意思決定する際の4つのアプローチを決定の難易度に応じて解説。特にチームの中に深刻な対立や葛藤を抱え、合意形成に悩んでいる方にお勧めの1冊です。

- ●デイブ・グレイ他『ゲームストーミング』オライリー・ジャパン
  ゲームの本ではなく、創造的なワークショップをおこなうための手法(アクティビティ)を幅広く紹介したガイドブックです。楽しさを演出することの大切さがよく分かります。

あとがき

　筆者は、自社の抱える問題の解決策を考え、経営層に提言する研修を担当することがよくあります。いわゆるロジカル・シンキングを駆使した問題解決型の研修です。問題の洗い出し、絞り込み、因果分析あたりをみんなにヒーヒー言いながら練習していただいて、一人前の問題解決者に育てていくわけです。

　ただ、ここ数年とても気になっていることがあります。それは、根本原因の突き止めをした後の解決策のアイデア出しで、みんなが「う〜ん…」とフリーズしてしまう現象です。2〜3個考えると、もう白旗状態です。

　残念ながら、解決策のアイデアを泉のごとく湧き上がらせる方法は、ロジカル・シンキングは扱ってくれていません。「これは、別の方法論が我々に求められているってことだな」という思いがだんだん膨らんできました。

　一方、こういったこともあります。どうにか本質的な解決策が見つかっても、「これじゃあなあ…」とみんなが尻込みしてしまう現象です。

　たとえば肥満が問題なら、本質的な解決策は議論するまでもありません。食べないことです。ところがそれが一番苦しく、解決策が見つかっても、実行できなければ意味がありません。ダイエットに求められるのは、食べながら痩せるとか、楽しく絶食するといった、もっと創造的なアイデアです。これもロジカル・シンキングからは生まれてきません。

　もっといえば、自社の問題をどのように見つけ出せばよいのでしょうか。たとえば、SWOT分析をしても、何を強みとして何を弱みとするかに、客観的な尺度はありません。自分たちが強み（弱み）と思うかどうかだけです。体重が100キロオーバーでも強みとも弱みとも捉えられます。それによって問題のありようがまったく変わってきます。

　つまり、ロジカル・シンキングは問題（イシュー）が決まった後で、どう効率的に考えていけばよいかを教えてくれるものです。イシューそのものの見つけ方は教えてくれません。やはり、別の方法論が必要であり、それが本書で説くクリエイティブ・シンキングと、それを効果的に実践するためのコラボレーションのスキルです。

中には、一読して「ちょっとウチの会社では…」と躊躇してしまった方がいたかもしれません。お気持ちはよく分かります。ブレストにしても、みんなでバカをやっているようで、気恥ずかしくなってしまいます。プロトタイピングなんて、傍から見たら遊んでいるとしか思えません。
　先日、本書で解説したようなイノベーションの方法を紹介した「スタンフォード白熱教室」（NHK）が放映されました。話題になったわりには、「ウチの職場でもやってみたよ！」と言う人にほとんど出会っていません。
　いずれも、やる前に「できない」「やれない」と心のハードルを高くしてしまっているのではないでしょうか。これはあまりにももったいない。やればよいと分かっているのですから、やらないと損です。
　もし、できないとしたら、私たちに一番足りないのは「遊び心」だと思います。一見ムダと思えること、役に立たないこと、意味がないこと、遠回りなこと、予期できないことなどを"楽しめる心"です。
　問題解決に向けて効率的に考えるロジカル・シンキングとは違い、クリエイティブ・シンキングではこういった"間""遊び"を大切にします。「それも面白いかも」「それもアリだよね」「やってみてから考えよう」「ダメモトでいいよ」という姿勢が創造力の源となるわけです。

　しかも、よいと分かっている方法を完全にコピーする必要はなく、自分の持ち味を活かし、自分なりにアレンジしてやればよいのです。エッセンスや行為の意味を活かして、新たにつくればよいのです。
　そもそも、個人主義でオープンなアメリカ人の創造性と、集団主義でシャイな日本人の創造性は異なります。私たちは、どちらかといえば一発ホームランを狙うより、ヒットを重ねる持続的なイノベーションのほうが得意です。
　古いものを受け継ぎつつ常に革新を続ける、高みを求めて徹底的にこだわる、素材や資源を活かし尽くす、異なる要素を巧妙に組み合わせて同化していく、人と人の相互作用の中から生み出す。芸能や料理からスポーツやビジネス（改善活動）、はてはアニメやゲームに至るまで、すべてこれらの特徴が発揮され、日本のお家芸といってもよいでしょう。
　今、いろんな意味で日本に閉塞感があるとしたら、それを打ち破るイノベー

ションの方法論が見出せていないからだと思います。それは、まったく新しくつくったり、どこかから直輸入したりするものではないはず。外から新たな刺激を取り入れつつも、今まで培ったものをみんなが"こだわり"を持って洗練させていくしかありません。

　次の時代に向けてイノベーションの方法を革新し、実践していく。それが私たちに今もっとも求められることではないでしょうか。本書が、日本の中で1人ひとりが一歩を踏み出す一助になることを願って、筆を擱きたいと思います。

　この本は多くの方のご協力の賜物であり、本書を締めくくるにあたり、一言御礼の言葉を申し上げておきたいと思います。

　アイデア創造やイノベーションに関しては、数多くの文献に当たり、先人の知恵をたくさん拝借しました。1人ひとりお名前を挙げることはできませんが、この場を借りて、厚く御礼申し上げます。

　日本ファシリテーション協会の定例会や勉強会の場では多くの発見をいただきました。筆者たちが主催するワークショップや研修の場でもアイデア発想や創造力に関する数多くのヒントを拾わせてもらいました。ご参加・ご協力くださった皆さんにお礼を申し上げたいと存じます。

　前5作に続き、編集の労をとって下さり、手描きの図版までつくっていただいた日本経済新聞出版社の堀江憲一さんにも心より感謝します。創造性という大きなテーマだけに、料理するのにとても長いプロセスを要してしまいましたが、それこそが創造力を生み出すものでありました。

　そして最後に、いつも執筆を陰で支えてくれる愛妻と子どもたちに深く感謝します。どうもありがとう！

〈写真提供〉
瀬部俊司、鳥羽秀人、安藤幹人、西野靖江、藤原彩佳

索引

英数

- 15%ルール　20
- 3C　43
- 5F　43
- 6つの帽子　111
- 7S　43
- ERRC　110
- KJ法　75,158,217
- PEST　43
- SCAMPER　109,123,215
- SQVID　110
- SWOT　43
- Yes, and　118,212

あ

- アイスブレイク　100,118,208,212
- アイデア・ワークショップ　210
- アイデア展開　106,114
- アイデア発展シート　123
- アウトプット　24,27
- 諦めの壁　14
- アナロジー　147
- アブダクション　155
- アンチ・プロブレム　120
- 意思決定マトリクス　202
- イノベーション　34,219
- インサイト　47
- インスピレーション　47,61
- インタビュー　27,46,54,216
- インプット　27,40,66
- インプロ　118
- ウォーミングアップ・ブレスト　120
- 右脳　32,156
- エクストリーム・プロブレム　120
- エスノグラフィー　47,216
- 応用　30,109,146,212
- オズボーン，アレックス　74,109,216
- オズボーンのチェックリスト　109

か

- 確証バイアス　58
- 仮説　28,48,59,155,168
- 仮定質問　108,125
- 加点法　201
- カラーバス　48,66,213
- 観察　41,53,72,212,216
- 観察ゲーム　68
- 帰結化　133
- 客観的な事実　59,69
- ギャラリーウォーク　112
- 強制発想　75,143
- 切り口　42,109,116,141
- 緊急プロジェクト　22
- 具体化　58,107,132
- グラフィッカー　70,81
- クリエイティブ・シンキング（思考）
　36,100,155,205,218
- クリエイティブ・ファシリテーション　98,114
- クリエイティブ・ファシリテーション・サイクル
　29,211
- グループダイナミクス　2
- 経験プロトタイピング　168
- 形態分析法　136
- ゲーミフィケーション　125
- 結合　30,109,129,138,212
- 検証　28,168,188
- 原点化　133
- 減点法　196
- 合意形成の4つのアプローチ　207
- 貢献意欲　19
- 構造的な対処　88
- 五感　30,49,68,169,173
- コモングラウンド　208,214
- コラボレーション　34,216
- コンセプト　30,129,176,212
- コンテクスト・シェアリング　120
- 混沌　28

さ

- 左脳　32
- シアター型　91
- 思考の壁　14,120
- 自然観察　67
- 質より量　78

シナリオプランニング ································ 187
指名 ·· 104,114
収束 ··· 28,75,194
集団圧力 ··· 86
自由奔放 ··· 76
ジョブズ, スティーブ ···························· 12,36
信頼感 ·· 19,65,207
心理的な事実 ·· 59
親和図法 ·· 158,212
スカンクワークス ··································· 22
ストーリー ···································· 182,215
相互作用 ··································· 2,18,32,78
創発 ······································ 30,88,154,199
創発的な統合 ······································ 198
組織風土 ··· 15,20

た

ダイアログ ······································ 62,215
怠惰の壁 ··· 14
タイムライン ·································· 121,214
対話 ······································ 16,62,208,212
他花受粉 ··· 22
多義性 ·· 172
多重投票 ······································· 201,212
多数決 ·· 196
タスクフォース ····································· 22
チェンジ・オブ・ペース ···················· 112,116
抽象化 ····································· 58,107,132
定性調査 ··· 46
定量調査 ··· 46
デザイン思考 ······················ 35,46,209,216,217
展開 ··· 30,132
トレンドマップ ······························· 121,214
トンプソン37の変換要素 ······················· 111

は

バインド ······································· 98,114
発見ゲーム ·· 67
発見のフレームワーク ····························· 49
発散 ·· 28,75,194
ビジュアル・シンキング（思考） ····· 130,156,217
批判厳禁 ····································· 75,85,103
便乗歓迎 ··· 78
ヒントカード ·································· 125,215

ファクト ··· 47
ファシリテーション・グラフィック ············ 70
ファンタジアの法則 ······························ 110
フィールドワーク ······················ 31,46,62,212
フィッシュボウル ·································· 69
フューチャーセンター ······················· 36,211
フリーライダー ····································· 86
フレームワーク ························· 42,109,116
ブレーンストーミング（ブレスト）
 ············· 30,74,84,90,98,109,114,120,192,212,216
ブレーン・ライティング ···················· 122,126
プロトタイピング ················· 30,166,191,212,217
ペイオフマトリクス ······························ 202
ベース・セッティング ························ 102,114
方法論的な対処 ····································· 88
ホール・システム・アプローチ ················ 215
ホワイトボード ··················· 70,80,92,158,212

ま

マインドマップ ······················· 93,121,126,215
マシュマロ・チャレンジ ···················· 166,215
マンダラ型 ·· 93
マンダラート ····································· 124
矛盾語法 ·· 174
メタ認知 ·· 157
メタファ ································ 156,174,176
モチベーション ························ 80,103,198
モチベーション・アップ ···················· 100,114
モックアップ ····································· 188
モデリング ···································· 104,114

や・ら・わ

ヤング, ジェームス ······················· 26,153,216
抑制の壁 ··· 14
ラウンドテーブル型 ································ 91
リアクション ·································· 103,114
リフレーミング ······························· 150,209
類推 ·· 155,163,199
類比発想法 ···································· 75,147
ロールプレイ ································· 69,183
ロジカル・シンキング（思考） ···· 15,36,100,155,205,218
ワールドカフェ ··································· 214
分かち合いのステップ ····························· 61
ワン・ワード ····································· 119

■著者紹介

堀　公俊（ほり・きみとし）

1960年、神戸生まれ。大阪大学大学院工学研究科修了。大手精密機器メーカーにて数多くの商品開発プロジェクトに参画し、多数のヒット商品を育て上げる。95年より組織改革、企業合併、教育研修、コミュニティ、NPOなど多彩な分野でファシリテーション活動を展開。2003年に有志とともに日本ファシリテーション協会を設立し、初代会長に就任。研究会や講演活動を通じてファシリテーションの普及・啓発に努めている。

現　在：堀公俊事務所代表、組織コンサルタント、日本ファシリテーション協会フェロー
　　　　近畿大学総合社会学部非常勤講師

著　書：『ファシリテーション入門』『ワークショップ入門』（以上、日経文庫）、『問題解決ファシリテーター』『組織変革ファシリテーター』（以上、東洋経済新報社）、『チーム・ファシリテーション』（朝日新聞出版）など多数。

連絡先：fzw02642@nifty.ne.jp

加藤　彰（かとう・あきら）

1965年、愛知県生まれ。京都大学大学院工学研究科修了。㈱デンソーにて半導体研究に従事した後、㈱日本総合研究所にて経営コンサルティングに従事。経営戦略策定・浸透、特に製薬企業の営業・マーケティング戦略策定、人材育成体制構築をメインに担当。テーマを問わず、ワークショップ企画運営、中堅人材向け研修などの対話・学習の場づくりを得意とする。顧客企業メンバーの創造的意見を引き出すファシリテーター型コンサルタントを目指している。

現　在：㈱日本総合研究所総合研究部門マネジャー、日本ファシリテーション協会フェロー

著　書：『ファシリテーション・グラフィック』『チーム・ビルディング』『ワークショップ・デザイン』『ロジカル・ディスカッション』『ディシジョン・メイキング』（すべて共著、日本経済新聞出版社）。

連絡先：silverfox@tcct.zaq.ne.jp

日本ファシリテーション協会

ファシリテーションの普及・啓発を目的とした特定非営利活動（NPO）法人。ビギナーからプロフェッショナルまで、ビジネス・まちづくり・教育・環境・医療・福祉など、多彩な分野で活躍するファシリテーターが集まり、多様な人々が協調し合う自律分散型社会の発展を願い、幅広い活動を展開している。

〈Website URL〉http://www.faj.or.jp/

アイデア・イノベーション

2012年11月1日　1版1刷

著　者	堀　公俊 ＋ 加藤　彰
	©Kimitoshi Hori, Akira Kato, 2012
発行者	斎田久夫
発行所	日本経済新聞出版社
	〒100-8066　東京都千代田区大手町1-3-7
	[URL] http://www.nikkeibook.com/
電　話	(03) 3270-0251 (代)
印刷・製本	中央精版印刷株式会社

ISBN978-4-532-31846-8

本書の内容の一部または全部を無断で複写（コピー）することは、法律
で定められた場合を除き、著作者および出版社の権利の侵害になります。

Printed in Japan

『アイデア・イノベーション』特別付録

Idea Innovation

アイデア発想力を高める
視点カード 252

堀 公俊＋加藤 彰 [著]

日本経済新聞出版社

陰｜陽	ルール｜ロール｜ツール	多様｜画一
一括｜分散	遠｜近	専任｜兼任
記憶｜忘却	衣｜食｜住	貸｜借
好｜悪	積極｜消極	生産｜消費
練習｜実践	演繹｜帰納	加　減 ＋ 除　乗
一貫性／柔軟性	苦｜楽	寒｜暖

粋 | 野暮	強 | 弱	委託 | 受託
正 | 反 | 合	仮性 | 真性	自 | 他
硬 | 軟	喜 怒 + 楽 哀	創業 | 守成
正統 | 異端	公 | 私	視覚 聴覚 * 触覚 味覚 嗅覚
豊穣 | 不毛	顧客 | 自社 | 競合	先天 | 後天
ローカル / グローバル	予想 | 結果	軽 | 重

甘 | 辛	開示 | 隠匿	慶 | 弔
一般 | 特殊	対称 / 非対称	手段 | 成果
謙遜 | 不遜	明 | 暗	飲 | 打 | 買
共同 | 単独	競争　偶然 + 眩暈　模倣 カイヨワ遊びの4分類	明示 | 暗示
才 | 色	平行 | 交差	毀 | 誉
上流 | 下流	功 | 罪	リデュース | リユース | リサイクル

乾 ǀ 湿	固体 ǀ 液体 ǀ 気体	創造 ǀ 模倣
インフレ / デフレ	肯定 ǀ 否定	貴 ǀ 賤
栄転 ǀ 左遷	自助 ǀ 互助 ǀ 公助	顕在 ǀ 潜在
質 ǀ 量	緊張 ǀ 弛緩	往 ǀ 復
巧遅 ǀ 拙速	凹 ǀ 凸	時間 ǀ 空間
権利 ǀ 義務	士 農 工 商	因 ǀ 果

花鳥 + 月風	深層 | 表層	上司 | 部下
固定 | 移動	損 | 得	ストック / フロー
出 | 入	事実 | 推論	賞 | 罰
ハーモニー | メロディー | リズム（音楽）	送 | 受	具体 | 抽象
言 | 行	協調 | 対立	大 | 小
戦略 | 業務 | 組織	取 | 捨	自然 | 人工

製品　価格 ＋ 販促　流通 4P	前 ｜ 後	盛 ｜ 衰
虚 ｜ 実	知識 ｜ 技能 ｜ 態度	集中 ｜ 分散
コンテンツ ―― プロセス	義理 ｜ 人情	縦 ｜ 横
論理 ｜ 感情	主 ｜ 客	保守 ｜ 革新
鋭 ｜ 鈍	名目 ｜ 実質	松 ｜ 竹 ｜ 梅
絶対 ｜ 相対	愛 ｜ 憎	マクロ ―― ミクロ

原則 | 例外	冠婚 + 祭葬	晴 | 雨
損 | 益	仮説 | 検証	ムリ | ムダ | ムラ
構想 | 実現	清 | 濁	安全 | 危険
天 | 地 | 人	定量 | 定性	順 | 逆
加害 | 被害	粗 | 密	目的 | 手段
着 | 脱	ニーズ / シーズ	進 | 退

遠心 | 求心	昇 | 降	善 | 悪
真 | 偽	率先 | 追随	迂回 | 直行
ミニマム / マキシマム	聖 | 俗	平面 | 立体
秩序 | 変化	品質 | 価格 | 納期	攻 | 守
需 | 給	起承転結 +	質問 | 回答
司法 | 立法 | 行政	必要 | 十分	正 | 誤

創造 | 破壊	真 | 善 | 美	早 | 遅
単 | 複	悲観 | 楽観	強み 弱み ＋ 脅威 機会 (SWOT)
長期 | 短期	首 | 尾	包含 | 排除
師 | 弟	阻害 | 促進	集 | 配
拡大 | 収縮	異 | 同	アングル | ポジション | サイズ (写真)
繁 | 閑	必要性 / 許容性	暗黙 | 形式

ハード / ソフト	沈下 | 隆起	直 | 間
斬新 | 陳腐	増 | 減	陸 | 海 | 空
和 | 洋 | 中	任意 | 強制	正 | 邪
効率 | 公正	夢 | 現	春 夏 + 冬 秋
新 | 旧	並列 | 直列	放任 | 統制
簡素 | 精緻	長 | 短	濃 | 淡

守 / 破 / 離	難 / 易	全体 / 部分
売 / 買	計画 / 偶発	老女 + 若男
未知 / 既知	Will / Can / Must	貧 / 富
文 / 理	延長 / 短縮	必然性 / 可能性
透過 / 遮断	黒 / 白	主 / 従
表 / 裏	単純 / 複雑	正攻 / 奇策

夫|婦	和|洋	自立|依存
報|連|相	理想|現実	賢|愚
美|醜	プロ / アマ	能動|受動
上下右左 ＋	故意|過失	動|静
定時|臨時	和|戦	短所|長所
浮|沈	過去|現在|未来	本気|遊び

泣 | 笑	本質 | 実際	着 | 発
人 | 物 | 金	当 | 落	主語 | 述語
閑静 | 喧噪	政治　経済 ＋ 技術　社会 **PEST**	緩 | 急
得 | 失	要素 | 属性 | 機能	発散 | 収束
沈黙 | 雄弁	内 | 外	使い捨て / 再利用
労 | 使	贅沢 | 倹約	東　西 ＋ 北　南

デジタル / アナログ	要素 | 関係	高 | 低
尊重 | 無視	生 | 死	中枢 | 末端
親 | 子	心理 | 行動	今 | 昔
心 | 技 | 体	広 | 狭	都会 | 地方
有 | 無	動物 | 植物	玉 | 石
肉体 | 精神	朝 | 昼 | 晩	動機 | 反応

●カードの準備
世の中にある代表的な切り口（2〜5視点）をランダムに並べました。本誌から付録を取り外して各見開きを2部ずつ好みに応じてB4〜A3大に拡大コピーしてください。1部はカードを切り離して束にします。こうやってシートとカードの両方を作っておくと便利です。オリジナルの切り口を足して、さらに充実させるのもよいでしょう。

●カードの使い方
代表的な使い方を紹介します。他にもいろんな用途が考えられ、自分なりの使い方を編み出すのも楽しいでしょう。

▼アイデアを発展させる　アイデア出しに行き詰まったときに、シャッフルしたカードからランダムに1枚抜き出します。その切り口をもとに、さらにアイデアが出せないかを考えます。たとえば「高｜低」というカードを引いたら、「もっと高く（低く）したりできないか」を考えるのです。

▼アイデアの切り口を見つけ出す　ブレーンストーミング後、多重投票などで採用アイデアを絞り込んだ段階で使います。それらの候補には何らかの視点転換があるはずで、シートを眺めてそれを探していきます。たとえば「大｜小」だとしたら、「もっと大きく（小さく）したりできないか」を考えれば、さらにアイデアが広がっていきます。

▼視点を組み合わせてアイデアを出す　シャッフルしたカードからランダムに2枚を取り出します。この2つの軸を使ってマトリクス図を作り、4つの象限に入るアイデアを順番に考えていきます。「簡素｜精緻」「固定｜移動」の2軸を選んだとしたら、①簡素にして固定する、②簡素にして移動させる、③精緻にして固定する、④精緻にして移動する、といった具合です。

▼物事を分かりやすく整理する　切り口カードはアイデア出し以外でも役立ちます。一番利用場面が多いのが、たくさんの情報やアイデアをグルーピングするときの整理の切り口として使うことです。シートやカードを眺めながら、ふさわしい分類の切り口を探し出し、グループを作っていきます。ホワイトボードや付箋を使うとやりやすくなります（姉妹書：『ファシリテーション・グラフィック』参照）。

▼モレなく検討できているかを調べる　何かの問題の解決策を検討していて、1つの案が見つかったとしましょう。その案の妥当性をシートを使ってチェックしていきます。「男｜女」なら、男性にとっても女性にとっても適切か、「長期｜短期」なら、長期的にも短期的にも妥当な策になっているかを調べるわけです。すべての切り口を満たすのは無理で、ざっと眺めておおよそカバーできていれば十分です（姉妹書：『ロジカル・ディスカッション』参照）。

▼意思決定の基準を見つけ出す　同じく問題の解決策を検討していて、候補となる案が複数見つかったとします。シートを眺めながら、絞り込むための評価基準を探してみましょう。「損｜得」「難｜易」「安全｜危険」「ストック｜フロー」といったものです。これらの評価軸で候補案を点数づけしたり、○△×の記号で判定したりしていくと、合理的に選択ができます（姉妹書：『ディシジョン・メイキング』参照）。

▼対立軸を明らかにする　意見の対立が激しくて、議論がなかなか決着しないことがあります。そんなときは、世の中によくある対立軸にはまっていることがしばしばあります。「理想｜現実」「絶対｜相対」「本質｜実際」「保守｜革新」といったもので、切り口を眺めているうちに発見できるはずです。対立の本質や立脚点を理解するのに役に立ちます（姉妹書：『ディシジョン・メイキング』参照）。

●主な参考文献
アレックス・F・オズボーン『創造力を生かす』（創元社）
マイケル・マハルコ『アイデア・バイブル』（ダイヤモンド社）
マイケル・マハルコ『すばらしい思考法』（PHP研究所）
ダン・ローム『描いて売り込め！超ビジュアルシンキング』（講談社）
エドワード・デ・ボーノ『会議が変わる6つの帽子』（翔泳社）
リュック・ド・ブラバンデール『BCG流非連続思考法』（ダイヤモンド社）
堀 公俊・加藤 彰『ロジカル・ディスカッション』（日本経済新聞出版社）
堀 公俊・加藤 彰『ディシジョン・メイキング』（日本経済新聞出版社）
永田豊志『知的生産力が劇的に高まる 最強フレームワーク100』（ソフトバンククリエイティブ）
永田豊志『革新的なアイデアがザクザク生まれる 発想フレームワーク55』（ソフトバンククリエイティブ）
児玉光雄『理工系の"ひらめき"を鍛える』（ソフトバンククリエイティブ）
松岡正剛監修、ISIS編集学校プランニング・メソッド研究会著『直伝！プランニング編集術』（東洋経済新報社）
奥出直人『デザイン思考と経営戦略』（NTT出版）
石井力重『アイデア・スイッチ』（日本実業出版社）

© Kimitoshi Hori, Akira Kato All rights reserved. 2012

この冊子は接着剤で固定されています。
全体を持って矢印の方向に丁寧に引くと外れます。